U0710695

中华先贤人物故事汇

诸葛亮

杨丹丹 著

中华书局

图书在版编目（CIP）数据

诸葛亮/杨丹丹著. —北京：中华书局，2021.7（2024.10 重印）
（中华先贤人物故事汇）
ISBN 978-7-101-15065-0

Ⅰ.诸…　Ⅱ.杨…　Ⅲ.诸葛亮(181~234)-生平事迹
Ⅳ.K827＝362

中国版本图书馆 CIP 数据核字（2021）第 026254 号

书　　　名	诸葛亮
著　　　者	杨丹丹
丛 书 名	中华先贤人物故事汇
责任编辑	傅　可　董邦冠
美术总监	张　旺
封面绘画	张　旺
内文插图	黄星建　黄梧峰
责任印制	管　斌
出版发行	中华书局
	（北京市丰台区太平桥西里 38 号　100073）
	http://www.zhbc.com.cn
	E-mail：zhbc@zhbc.com.cn
印　　　刷	三河市宏达印刷有限公司
版　　　次	2021 年 7 月第 1 版
	2024 年 10 月第 6 次印刷
规　　　格	开本/787×1092 毫米　1/32
	印张 5⅛　插页 2　字数 50 千字
印　　　数	20001-22000 册
国际书号	ISBN 978-7-101-15065-0
定　　　价	20.00 元

出版说明

孔子周游列国，创立儒家学说；张骞出使西域，开辟丝绸之路；书圣王羲之，留下了曲水流觞的佳话；诗仙李白，写下了"举头望明月，低头思故乡"的名篇；王安石为纠正时弊，推行变法；李时珍广集博采，躬亲实践，编撰医药学名著《本草纲目》……

这些杰出的历史人物，有的是在中华民族文明进程中做出过突出贡献、对后世产生过巨大影响的思想家、政治家，有的是对中华优秀传统文化的传承传播发挥过重大作用的文学家、艺术家、科学家，有的是为国家安定统一、民族融合团结和中外文化交流做出过杰出贡献的军事家、外交家……他们为中华民族的繁荣发展做出了伟大的贡献，他们的行为事迹、风范品格为当世楷模，并垂范后世。

他们是中华民族的先贤人物。他们的思想、品德、事迹，是中华优秀传统文化的结晶。他们的故事，是对中华民族的禀赋、特点和气质最生动、最鲜活的阐释。他们的名字，在五千年中华文明史上最为光彩夺目。他们为五千年中华文明史书写了最为光辉灿烂的篇章。

为了解先贤，走近先贤，我们精心组织编写了这套《中华先贤人物故事汇》丛书。以详实可靠的史料为依据，以细腻动人的故事为载体，真实地呈现中华先贤人物的事迹、品格和精神风貌，彰显他们的贡献和功绩，以激发人们对国家民族的热爱，对中华文明、中华优秀传统文化的崇敬。

开卷有益，期待这套丛书成为你的良师益友。

目 录

导 读

　　诸葛亮（181—234），字孔明，号卧龙。琅邪郡阳都县（今山东临沂市沂南县）人。

　　诸葛亮出身于官宦世家，父母早亡，少年时为躲避战祸，辗转流落荆州。后在隆中度过十年隐居生活，直到刘备"三顾"，才决定出山，为其规划了联吴抗曹的战略方向。

　　为报刘备知遇之恩，诸葛亮殚精竭虑，全力辅佐，助其夺取荆州、益州，打下了三分天下的基础。

　　刘备病逝之后，诸葛亮肩负托孤之重，心无二志，全心全意辅佐刘禅。为兴复汉室，他不顾自己年老体衰，接连北伐，虽壮志未酬，最终命殡五丈原，但他"鞠躬尽瘁，死而后已"的精神，始终是后人学习的榜样。

诸葛亮不仅是著名的政治家、军事家、思想家，还是伟大的发明家。

他一生谨慎务实，为政至公，兼有君子之德与忠臣之节，因此千百年来广受世人称颂。

隆中隐居

东汉光和六年（183），初春，天气晴好。

时任青州太山郡丞的诸葛珪难得待在家里，今天是他的长子诸葛瑾出门求学的日子。

"爹、娘，我走了，你们在家要多多保重。"诸葛瑾来向父母辞行。

"瑾儿，你在洛阳要用心读书。你的先祖熟读经史，曾官至司隶校尉。他执法公允，不畏权贵，虽遭贬黜，却深受百姓敬重。你以后要做像他那样的人。"

"爹、娘，孩儿谨记在心。"诸葛瑾向父母叩头拜别而去。

看着长子远去的身影，母亲章氏泪眼模糊道：

"瑾儿还小，天又这么冷，我真舍不得他走这么远啊。"

诸葛珪眉头微皱："我又如何舍得！只是现在朝廷腐败，窦太后把持政权，宦官买官鬻爵，残害百姓，举国上下一片混乱，哪里是安享太平的时候？"

"爹，我长大了也要像大哥那样去外面读书。"一个稚声稚气的声音说。

这是诸葛珪的次子，名叫诸葛亮。诸葛珪看着次子亮晶晶的眼睛，脸上慢慢展开了一丝笑意。

诸葛亮这年三岁，他自小聪明伶俐，天资聪颖，很得诸葛珪欢心。每当他给诸葛瑾讲《论语》《春秋》等经典的时候，小诸葛亮都在旁边听着。

但年幼的诸葛亮不会知道，这将是他一家人最后的幸福场景。哥哥诸葛瑾去洛阳求学没多久，母亲章氏就得了重病，撒手而去。

父亲续娶了继母顾氏。顾氏待诸葛亮兄弟几个如亲生骨肉，诸葛亮也渐渐把失母的伤痛藏在心里。但这样的安稳也没持续多久。

中平五年（188），诸葛亮八岁。父亲诸葛珪也身染沉疴，他知道自己来日无多，急忙派人找回在洛阳太学读书的儿子诸葛瑾和弟弟诸葛玄，嘱咐诸葛玄替自己照顾好家人。

诸葛玄自小对几个侄儿就非常疼爱，视如己出，眼见得他们小小年纪就面临如此光景，他毫不犹豫地承担起了这个重任。

这年十月，青州、徐州爆发了黄巾大起义，陶谦因镇压起义有功而升为徐州牧。一日，曹操的父亲曹嵩路过徐州，陶谦派人护送。然而一名都尉却见财起意杀害了曹嵩一行人，这一下惹怒了曹操。

曹操，字孟德，小字阿瞒，当时的曹操，势头正盛。他初时因镇压黄巾军升至兖州牧；初平三年（192），他又率兵击退了青州黄巾军，收得降兵三十余万，百姓一百多万。曹操选取其中身强力壮者组成一支"青州兵"，一时威震天下。

曹操得知父亲遇害的消息后，恨得咬牙切齿。

初平四年（193），曹操率青州兵血洗徐州城，百姓无辜惨死，短短几天，徐州城血流成河，白骨累累。

在曹军到来之前，徐州本是一个还算安定的地区，如今在青州兵的铁蹄下变得残破不堪，一片狼藉。百姓更是吓得惊慌失措，仓皇而逃，这其中也包括诸葛玄一家。在这极度的混乱中，诸葛玄带着诸葛亮和他的姐姐、弟弟，却与诸葛瑾和孩子们的继母失散了。

当时诸葛玄恰好被袁术任命为豫章（治所在今江西安南昌附近）太守，于是他便带着诸葛亮等人南下赶赴豫章。那年诸葛亮十二岁，他跟着叔父一路穿过刀光剑影、饿殍满地的中原地区，目睹土地荒废，百姓流离失所、妻离子散的悲惨景象。这些深深地印在了诸葛亮的心里。

诸葛玄上任没多久，朝廷又改任朱皓为豫章太守。无奈之下，诸葛玄想起了旧时曾与自己有交情的荆州（治所在今湖北襄阳市）刺史刘表。

于是诸葛玄便又带着诸葛亮等人，辗转来到荆州的襄阳投靠刘表。刘表和诸葛玄早年在京城游学时一见如故，相交甚好。刘表痛快地收留了他们，帮助他们在襄阳安定下来。饱守流离之苦的诸葛玄一家重新过上了相对稳定的生活，诸葛亮和弟弟也得以进入刘表开设的"学业堂"读书。

学业堂由荆州当地名士司马徽主持。司马徽，字德超，号水镜先生，由颍川（治所在今河南许昌东）来荆州避难，为人清高拔俗，颇受时人敬重。当时，天下大乱，而荆州处于江汉平原腹地一带，相对安宁。荆州下有南阳、襄阳、南郡、江夏等七个郡，襄阳为荆州的首府，物产丰富，文风鼎盛，很多能人智士纷纷逃到此地，一时间这里文人荟萃，豪杰聚集。

诸葛亮跟随水镜先生除了学习儒学经典外，诸子百家、算术、乐理、占卜、医药、兵法等也无不涉猎，学问有了很大的长进。他经常与同学徐庶、崔州平、孟公威等一起交流学问，探讨天下大事。徐庶等人求取学问重点在于精确熟练，而诸葛亮则更注重精髓，看问题更善于从大处着眼。

一日，他们聊到了自己的才能和抱负，诸葛亮对三位好友说："以你们三个人的才能，以后可以官至刺史、郡守。"三个人听了，马上问他：

诸葛亮青年时与友人聚谈，便展现出了鸿鹄之志。

"你以后会做到什么官呢？"诸葛亮笑而不言。他平时常以管仲、乐毅自比，别人都笑他狂妄，唯有他的好朋友知道他胸有鸿鹄之志，以后定能成就一番事业。

他们四个都是因为躲避战乱才来到荆州，有一次，孟公威因思念北方的家乡，便想去投奔北方的曹操，诸葛亮对他说："中原地区能人志士很多，想成就一番事业，何必非要回去呢！"

好景不长，诸葛玄在刘表处寄人篱下，一直无法施展才能抱负，最终抑郁成疾，于建安二年（197）去世。叔叔去世后，诸葛亮要承担起一家人的生活重担，此时两个姐姐已经出嫁，他不愿再过仰人鼻息的生活，便决定和弟弟搬到距离襄阳不远的隆中村居住。

那一年，诸葛亮十七岁。

隆中距襄阳城西约二十里，周围群山环绕。"隆中者，空中也。行其上空空然有声。"隆中因此而得名。

这里山峦叠翠，流水潺潺，竹林环绕。诸葛亮和弟弟诸葛均在隆中村隐居后，便开始了全新的生活。他和弟弟动手搭建了一座茅屋，白天躬耕田间，晚上捧书夜读，闲暇时拜师访友。

虽然在学堂退了学，但诸葛亮深知自己学问不够，劳作间隙，便埋头苦读。他读书范围很广，除了《诗经》《尚书》等儒家典籍，还通读《申子》《韩非子》《管子》等法家著作，对于《六韬》《孙子》等兵书更是反复揣摩，深究其义。比起襄阳，隆中清幽安静的环境更能让他静心思考。

闲时诸葛亮除了和好友探讨学问，还经常去寻访名士，拜师学习。荆州除了主持"学业堂"的名士水镜先生司马徽外，还有一位德高望重的隐士庞德公，刘表曾费尽心思请庞德公出山做官，但都遭到了拒绝。有一次，刘表亲自去请庞德公出仕，对他说："您不做官只保全了自己，但天下的百姓又能有谁来保全呢？"庞德公笑着回答："世间万物各有其归宿，所以天下也不是我能保全的。"

诸葛亮在隆中安顿下来之后，便常常去拜访庞德公，每次走很远的山路到他的住所求教，每次造访都跪拜在庞德公的床下，态度十分恭敬。时间久了，庞德公发现这个年轻人非常博学，并且融会贯通，不拘于古，便对他非常器重，认为他将来一定能干出一番大事业。庞德公有一个侄子名叫庞统，性格不羁，也颇具才华。庞统二十岁时曾去拜见司马徽，两人在桑树下交谈从白天直到黑夜，司马徽大为惊异，称赞他说："南州士子无人可与庞统相比。"

如今有了诸葛亮，庞德公便对司马徽说："如果说我侄儿是个即将一飞冲天的'凤雏'，那诸葛亮就是蛰伏在大泽里的'卧龙'，只要时机一到，必定撼动九州啊！"

从此，司马徽便以"卧龙""凤雏"来称呼诸葛亮和庞统。

诸葛亮在隆中潜心读书，转眼八年过去，他已二十五岁了，还一直没有考虑过自己的婚事。当时除了司马徽和庞德公外，诸葛亮还结识了沔南名士黄承彦。黄承彦一见诸葛亮便惊为异人，赞叹不已，有心把自己的女儿许配给他。他早年丧妻，有一独生女儿名叫黄月英，旁人都没见过。他总对别人说自己的女儿黑脸黄发，面目粗陋。小名也唤作"阿丑"。如今便对诸葛亮说："我听说你还没有娶亲，我有一女儿与你年龄相当，才华也和你相配。只是黄发黑面，容貌平平，不知你意下如何？"

诸葛亮一听喜上心来，他到现在都没娶亲便是一直想找一位德行之妻，容貌他并不在意。如今见是名士黄承彦的女儿，虎父无犬女，一定不是平庸之人，便欣然应允。

然而，出乎意料的是，黄月英不仅才华横溢，容貌也十分动人，与"阿丑"两字风马牛不相及。原来这是黄承彦为了女儿能找到一个能欣赏她才华的夫婿，故意出的计策。但村里人不明其里，得知诸葛亮竟然娶了阿丑，都觉得不可思议，他们还编了一句顺口溜，"莫学孔明择妇，止得黄家丑女"，暗地里嘲讽诸葛亮。殊不知诸葛亮正是得其所哉，娶到了一位才貌兼备的夫人。

时光荏苒，一晃到了建安十二年（207），诸葛亮已经在隆中住了十年。这十年，隆中风平浪静，而外面的世界已改天换日。

当年诸葛玄带诸葛亮姐弟避祸于荆州之时，北方的曹操迎汉献帝，迁都许县，挟天子以令诸侯，奉天子召而征四方，曹操威势日增。

建安四年，左将军刘备联合袁绍抗击曹操，曹操亲自率兵东击刘备，刘备全军溃败。刘备在战败之后，逃亡荆州，投靠刘表。

建安五年，曹操与袁绍爆发官渡之战，袁绍想依仗自己人多势众，消灭仅占据兖州、豫州的曹操，但曹操率轻骑夜袭乌巢，一举烧毁袁军后勤物资，致使袁军全面溃散，官渡之战曹军大获全胜。

在曹操以少胜多击败袁绍后，北方再也无人能与曹操抗衡。

刘备，字玄德，幽州涿郡涿县人。祖父曾举孝廉，父亲早亡，家道中落，少年时与寡母织席为生。他早年因镇压黄巾起义立下战功，被任为安喜县尉，在投刘表之前他先后追随过公孙瓒、陶谦、曹操、袁绍等人，因实力有限，屡屡挫败。虽然屡战屡败，但他深受部属及百姓爱戴，仁义之名布于天下。

刘表看似儒雅宽和，实则妒贤嫉能，心胸狭窄。见刘备来投，非常热情地接待了他，但又忌惮于他的名气，并不委以重任，只让他驻防在新野一带抵抗曹军，兵不加一员，财不增一钱。

驻在新野，刘备一直闷闷不乐。想到自己雄心万丈，戎马半生，可现在年已四十，功业尚未建立，还要寄人篱下，心中郁结忧闷。

他听说附近有位隐士叫司马徽，学识广博，有知人之明，便去登门拜访，希望他能为自己指点迷津。司马徽被刘备的诚意感动，对他说："识时务者为俊杰，你身边都是些儒生俗士，如何能看清天下大势？荆州奇才聚集，你要亲自去请他们出山。"

刘备问："这些奇才是什么人？但请指点一二。"

司马徽笑道："卧龙、凤雏，得一人可安天下。"

刘备感谢了司马徽的指点，拜别而去。

诸葛亮的好友徐庶一直想出山，开始去投了刘表，很快他便发现刘表优柔寡断，胸无大志，后来刘备来投靠刘表，徐庶一直钦佩刘备的胸怀胆识，便马上来新野找到了刘备。

刘备与徐庶聊得非常投缘，刘备称赞徐庶为济世之才，徐庶谦虚地说："我不敢接受将军的夸奖，我的朋友诸葛亮，人称'卧龙'，他的才能远在我之上。"

刘备猛然想起司马徽给自己推荐的奇才，也有卧龙先生，便连忙对徐庶说："麻烦先生帮我把卧龙先生请来吧。"

徐庶摇摇头道："此人品性高洁，如果想请他出山，要劳烦将军亲自去拜访啦！"

刘备见司马徽和徐庶都如此推重"卧龙"，心知他肯定是个了不起的人才，他下定决心："只要卧龙先生肯助我，我在所不惜，亲自拜访又有何妨！"

三分天下

这一日，正赶上寒冬时节难得的晴朗天气，隆中的山间小路上走着一行人马。

为首一人丰神俊朗，生了两只大耳朵，身下骑一白色高头大马，后面跟随的两人也是威风凛凛，神采不凡。这正是刘备和他的结义兄弟关羽、张飞，前来隆中拜访诸葛亮，请他出山相助。

刘备骑在马上，放眼望去，只见山峰秀丽，树木苍茂，水面如镜。想不到乱世之中还有如此清静之地，真乃避世好去处！

他们转了几个弯进入隆中村后，便看到田间有农夫在劳作，隐隐有歌声传来：

刘备与关羽、张飞来请诸葛亮出山相助。

苍天如圆盖，陆地似棋局。

世人黑白分，往来争荣辱。

荣者自安安，辱者定碌碌。

南阳有隐居，高眠卧不足。

刘备为歌词所动，勒住马，问农夫道："此歌是哪位高人所作？"

农夫回答："是卧龙先生所作。"

刘备一听大喜，忙问："请问卧龙先生住在何处？"

农夫手指前方："山南那个高冈，名叫卧龙岗。岗前有竹林，竹林内有一茅庐，便是卧龙先生住所。"

刘备谢过农夫，和关羽、张飞策马向前。转过山林，果然出现一茅舍，掩映在青翠竹林中。关羽翻身下马，说："大哥，应该就是这里了。"

刘备也下得马来，拍拍尘土，理好衣衫，恭敬走上前去敲门。

一童子打开门来，问："你们找谁？"

刘备答："汉左将军刘备，特来拜访卧龙

先生。"

"先生前些日出门去了。"

"先生去哪里了？几时回来？"刘备兴奋的心情瞬间跌落谷底。

"我家先生行踪不定，归期亦不定，请你下次再来吧。"童子说完便掩上了门。

刘备站在门口，心下怅然。关羽、张飞劝他回去。行了几里路，但见一个人迎面而来。此人器宇轩昂，气度不凡。刘备想："这应该就是卧龙先生了。"忙翻身下马上前施礼道："刘备拜见卧龙先生。"

那人笑道："我不是卧龙先生，我是他的朋友崔州平。"

刘备拱手作揖："久闻先生大名，幸得相会。可否能小坐一叙？"

两人席地而坐后，崔州平问："将军找卧龙先生所为何事？"

刘备言语恳切："如今天下大乱，我想求先生安邦定国之计。"

崔州平笑道："天下大势分分合合，岂是人力所能扭转的？"

"先尽人事，再听天命，此生无憾。"刘备脸色凝重，眼睛望向天空，正有一只鸟儿飞过，飞到茫茫的虚空里。

崔州平起身要走，刘备追上去问："先生可知卧龙先生身在何处？"

崔州平说："我也正想找他，不知他往哪里去了。"

刘备三人只好失望而去。

诸葛亮回来的时候，崔州平已经在草庐里等他了。

诸葛亮问道："州平，你觉得刘将军是怎样的人？"

崔州平缓缓点头道："刘将军宽厚仁德，确有明主之风。"

原来，徐庶早把刘备要来拜访的事情告诉了诸葛亮，但诸葛亮认为，治乱世必须得有才智，但才智的发挥却得依赖明主。因此，他特意避了出去，看看刘备是否真如他人所说的那般求贤若渴。听崔州平这么说，诸葛亮已有了几分属意，但他生性谨慎，打算再考验一番刘备。

刘备回到新野后，总是念念不忘，日日记挂。有一日，下起了大雪，刘备看那纷纷扬扬的雪花，冷冷清清，无从着落，就像自己饱受蹉跎的人生一样。他看了半晌，忽叫随从备马，要启程去隆中再次拜访诸葛亮。

张飞心里老大不情愿，抱怨道："这么大的风雪，何必哥哥亲自去，派一个人把那卧龙先生叫来不就行了。"

刘备说："我刘备一无所有，遇到有才德的贤人，还要摆出一副高高在上的姿态，谁会愿意追随我呢？"

说罢翻身上马，直奔卧龙岗，关羽、张飞只得紧随其后。

待来到草庐前下马，刘备三人也成了三个雪人，刘备下马拍干净身上的雪花，理好鬓发，上前敲门。开门的还是上次那个童子。

刘备问："先生今天在家吗？"

童子笑道："这次巧了，先生正在堂前读书。"

刘备喜上眉梢，急急忙忙穿过门庭来到草堂

上，只见一少年正在拥着火炉读书。

刘备心里犹疑卧龙先生竟如此年少，一边拱手行礼："刘备拜见卧龙先生！"

那少年笑道："我不是卧龙先生，我是他的弟弟诸葛均。"

刘备有点失望："请问卧龙先生现在何处？"

诸葛均说："昨天被崔州平请去闲游了。"

一丝凉意袭上刘备心头，卧龙先生既已见了崔州平，一定知道自己前来请他出山，眼下之意分明是避而不见了。但还是追问道："敢问先生去了哪里？"

"这就难讲了，或者在江上垂钓，或者在山上下棋，或者在朋友家中论道，都有可能，谁也说不准他干吗去了。"诸葛均回答。

刘备叹了一口气，心知卧龙先生在有意回避自己。

张飞来的时候就不悦，现在更生气了："管他去干吗了，看现在风也大，雪也下得紧，咱们还是早点回去吧。"

刘备心想不成，即使见不到面，也一定要让

卧龙先生知道我的心意。

于是刘备向诸葛均借了纸笔，呵开冻住的砚盒，仔细用心地写了一封信。信中表达了他对卧龙先生的仰慕之情，阐述了对当今天下大事的看法，以及自己求贤若渴的心情。

他将信交于诸葛均，请他代为转交，然后便告辞回去了。

第二日傍晚，诸葛亮刚回到家，黄月英便迎上来说："那位刘将军昨日又来拜访了，这次还留下了一封信。"说着递上来一封信。

诸葛亮来不及坐定便把信展开，仔仔细细读了一遍。边读边微微颔首：刘将军此人果然是心怀天下，也难怪徐庶会为他说尽好话了。他希望天下太平，黎民安定。他渴望自己能为国家做些事情，匡正扶乱。他求贤若渴，真心实意。

看毕，诸葛亮把信拢在袖中，忍不住大笑三声，叹道："元直知我，刘备果然是我心中明主！"

他来到窗前，只见外面星垂天野，月涌万里。他感慨万分，对黄月英说道："下一次刘将军再来，我要会一会他了。"

黄月英拿来一件外衣给诸葛亮披上，说："之前荆州牧刘表请了你几次，你都不为所动，怎么这位刘将军来了两次，你就心动了呢？论条件，刘表岂不是要好得多吗？"

诸葛亮说："夫人只知其一，不知其二。刘表虽说也是一方豪杰，但他生性多疑，不能容人，处事只求自保，又目光短浅，胸无大志。刘将军虽说现在身无寸土，依附刘表，但他胸怀天下，宽厚仁德，民心所向，日后定能大有作为！"

"既然刘将军这么好，又不辞劳苦来了两次，夫君为何不亲自前去，以表心意，何必再劳烦刘将军过来第三次呢？"

诸葛亮目光灼灼："我让刘将军三顾，不仅是要见他的诚挚之心，也是我送他的第一份大礼，成就他求贤爱才之美名。以后天下人才怎会不纷至沓来追随他呢！"

黄月英听得十分佩服，但她又调皮说道："也许刘将军不会再来了呢。"

"他一定会再来，"诸葛亮看向外面的夜

空，声音低沉，如同自语，"这么多年来他屡败屡战，百折不回。如果是轻易放弃之人，早就服输了。"

刘备亲自去了两次都没见着诸葛亮，心里又是遗憾又是失落。想着自己现在身无寸土，寄人篱下，大贤避而不见也在情理之中。

时光如梭，转眼冬去春来，万物复苏。刘备打算再次去拜请诸葛亮，即使诸葛亮不愿意辅佐他，他也定要见上一面。

听说刘备要第三次去拜访诸葛亮，连一向沉稳的关羽都坐不住了："哥哥两次亲自前往，他都避而不见，我看他是徒有虚名而已，何必如此看重他呢？"

刘备劝他："想当初周文王为得到姜尚的辅佐，亲自到渭水边拜见，还纡尊降贵，为姜尚执辔驾车，这才换来了周朝八百年基业，我怎能才去了两次，连面也没见着就心生厌烦呢？"

张飞愤然道："一个山野村夫，怎么能和姜尚相比，我用根绳子把他捆了来见哥哥。"

刘备训斥道："你如此无礼，便不要去了，我和云长去。"

两人无奈，只得依了刘备，不再作声。

这次，为表明心迹，刘备在临行前吃了三天素，出发前又沐浴更衣，这才启程，准备再次拜访诸葛亮。

离草庐尚有半里远，刘备就下马步行，以表恭敬之心。半路上迎面遇到了诸葛均。

刘备忙上前施礼，问道："卧龙先生今日在家吗？"

诸葛均笑着说："哥哥在家呢，您今天可以见到他了。"

刘备闻之精神一振，他定了定心神，理了理思绪，才疾步走向庄前。

刘备三人匆匆来到草庐前，正要敲门，忽闻里面传来一阵琴声。他收回手，又回头示意关羽、张飞不要作声，站在门前细细倾听，只听里面有人在弹琴作歌：

步出齐城门，遥望荡阴里。

里中有三墓，累累正相似。

问是谁家墓，田疆古冶子。

力能排南山，文能绝地纪。

一朝被谗言，二桃杀三士。

谁能为此谋，国相齐晏子。

　　歌声婉转凄切，哀婉动人。刘备听说过这首曲子，名叫《梁父吟》。写的是春秋时期晏子"二桃杀三士"的典故。齐国时期有三名武艺高强的勇士，田开疆、古冶子和公孙接，他们都为国家立下了赫赫战功，但是恃才傲物，为人蛮横。丞相晏子怕他们威胁到王室的安全，便想设计除掉他们。于是用两个桃子声称要赏赐他们三个中最勇猛的两个，从而引起了他们三个人之间的嫉恨和斗争，最后三人分别死去，这就是"一朝被谗言，二桃杀三士"。此曲所寄，一为士之道，二为相之体。刘备听了心下更有敬重之意。
　　歌声停了，刘备才敲门入内，只听有人朗声笑道："贵客前来，未曾远迎，失敬失敬。"
　　刘备抬眼看去，只见那人身材高大，面清目

朗，头戴纶巾，手挥一把鹅毛扇，气度飘然似神仙，细看却是个二十几岁的年轻人。

刘备此次不敢再贸然相认，先问道："请问阁下可是卧龙先生？"

"鄙人正是，乡野粗人承蒙将军亲自拜访，不胜荣幸。"诸葛亮边说边拱手还礼。

没想到众口称赞的卧龙先生这么年轻！刘备心中不胜讶异。

两人喝茶叙了一会儿话，刘备坦率而诚挚地说："如今奸臣把握朝政，国家将要倾覆，天子正在受难之中。我看不得国家失道，百姓流离失所，然而我才能有限，德行浅薄，以致落到今天这个地步……但我还是心有不甘，想匡扶天下，但又实在想不出什么好办法，所以特地来请教先生。"

诸葛亮见刘备如此虚心诚恳，便也不再保留，拿出一卷地图，摊开来说道："自董卓之后，群雄四起，雄踞一方之人不可胜数。曹操与袁绍相比，要弱小得多，然而曹操能以弱胜强战胜袁绍，是因为他谋划得当，事半功倍。如今曹操已拥兵百万，雄踞北方，挟天子而令诸侯，又有众多的猛将谋士，您不能光凭武力去和他角逐。"

又指着右下方说："孙氏占据江东已历三代。江东地势险要，百姓安居乐业，还有一批有才能的人为其所用，您可以考虑与他联合，千万不能与他为敌。"

刘备连连点头称赞："先生所言极是。"

诸葛亮指向荆州："荆州交通便利，自古以来就是军事要地，然而现在它的主人刘表性格懦弱，胸无大志，他肯定守不住这块地方，将军您可以占据这块地方，以作喘息之地。"

又指向西南方向："益州乃险要之地，土地肥沃，富饶兴旺，堪称'天府之国'，高祖就是在那里成就了帝业。如今益州的主人刘璋暗弱无能，骄奢荒淫，不知体恤百姓，那个地方迟早会被人吞并。将军想要成就霸业，可先取荆州为家，后取益州为基业，即成鼎足之势，然后就可挥师北方，成就大业了！"

刘备之前一直像一只无头苍蝇到处乱撞，如今听了诸葛亮精辟透彻的分析，豁然开朗，茅塞

诸葛亮与刘备畅谈天下大势，为刘备规划三分之计。

顿开！他"噌"地一下站起来，激动地说："先生真是旷世奇才，刘备如同醍醐灌顶！"

但他毕竟是仁义之主，还有一个担心之处："如果我攻占荆、益两州，那里的百姓经受战争之苦，还会接受我吗？"

诸葛亮见刘备这么考虑百姓的看法，心中颇为赞许："将军不必担心，您是汉室后代，仁义之名遍布天下，早已是众人心中的英雄。如果将军能占领荆、益两州，安抚好西南蛮夷，对外结盟孙权，对内政策贤明，待北方有变，便从益州、荆州两路进军，攻打曹操。到那时，百姓怎么会不箪食壶浆来迎接将军您呢？如此，则霸业可成，汉室也可以复兴了！"

刘备听得心潮澎湃，对眼前这位年轻人佩服得五体投地，他拜请道："先生真不愧为卧龙！刘备虽然名微德薄，还望先生不要嫌弃，出山相助，辅佐刘备！"

诸葛亮心里也感激刘备的知遇之恩，他笑着说道："将军已是诸葛亮心中的明主了！"

刘备听了大喜过望，当下便让诸葛亮收拾行

李，带上家人，一起到新野去了。

从此之后，两人整日形影不离，谈论天下大事。关羽、张飞见来了诸葛亮，刘备便和他俩疏远了，心里都十分不满。张飞忍不住向刘备抱怨道："这诸葛亮年纪轻轻，只会纸上谈兵，哥哥把他看得那么重，怕是要寒了其他将士的心！"

刘备听了这些话，很不高兴，说道："诸葛先生胸有韬略，见识非凡，我有了他如同鱼儿有了水，请贤弟不要再说了。"

关羽、张飞听了刘备的话，自知有错，从此也就不再提了。

诸葛亮随刘备出山后，有一日，水镜先生司马徽站在门前，望着远处蜿蜒曲折的小路，忽然叹道："卧龙虽得明主，却生不逢时，可惜啊！"

巧夺荆州

自古以来，荆州就是兵家必争之地。建安十三年（208），曹操将袁氏势力消灭殆尽后，屯军邺城，本打算先取关中，但在这一年，江东的孙权第三次大规模征讨荆州江夏的黄祖。

孙权，字仲谋，其父孙坚和兄长孙策，打下了江东基业。初平二年（191），袁术派孙坚攻打荆州，被黄祖袭杀。建安五年（200），孙策被刺，孙权接替其位。孙权虽然不如其父兄那般有军事才华，但却知人善任，在张昭、张纮的辅佐下，很快便稳定了江东内部，短短几年间，江东便猛士如林。

孙权之所以再三攻伐黄祖，不单单是为了要

替父报仇，也是因为若取了荆州，便可依托长江之险与曹操抗衡。前两次孙权都没有攻破夏口，而这一次他做了充分的准备，大获全胜，不但杀死了黄祖，还俘虏了荆州数万人。

而江夏是荆州的门户，从此荆州不会再平静。

荆州牧刘表在得知黄祖败亡的消息后，一口鲜血喷在了战报上，从此一病不起。

刘备得知刘表病重，前来襄阳探望刘表，其实他是为了另一件事。

诸葛亮随刘备回到新野后，有一天，诸葛亮来到刘备行帐，却发现刘备坐在地上，拿着一段牦牛尾在结帽子。诸葛亮正色道："我以为将军胸有大志，却没想到在这里做这些事情。"

刘备听出诸葛亮话中揶揄之意，但他生性豁达，不以为意，只是忙起身说："闲来无事，随便消遣罢了。"

诸葛亮笑道："将军大概是在烦恼我们兵力太少，无法抵挡曹军的事情吧。"

刘备也笑了，说道："知我者，先生也。先生想必有好主意，快说与我听吧！"

诸葛亮在行帐里踱了几步，说道："荆州流民很多，你可设法向刘表建议，让所有游户都如实申报户籍，这样兵源会大大增加。我们也可由新野迁至樊城，因为新野偏僻，地薄人少，樊城地肥人广，流民大部分都聚集在那里。"

当刘备在病榻前向刘表提出这两个请求时，刘表仔细盘算了下，刘备手下也不过两三千兵马，即便有关羽、张飞这样的猛将，也算不上威胁。新野城小人少，一旦曹军南下，怕是抵挡不住。樊城离襄阳只隔了一条河，把刘备留在樊城，远可抵挡曹操，近可回护襄阳，自己还能在眼皮子底下看着他，也算一举多得。于是他便同意了。

事实上刘表对刘备一直很不放心，所以之前才一直让他远远地驻扎在新野。特别是，诸葛亮竟然出山辅佐刘备，这让刘表更有一种说不清道不明的感觉。想当初诸葛亮尚在隆中隐居时，刘表可是去请了好几次，都被诸葛亮婉拒了。那时还以为他是无心出山，但现在竟然拜了这么个不起眼的刘备！

虽然有这么多疑虑，但刘表也不比以前了。他现在内外交困，外面虎视眈眈，家里后院起火，自己的身体又江河日下，他实在顾及不了那么多了。

说起家里的烦心事，他的长子刘琦为原配所生，次子刘琮为继室蔡氏所生。刘琦自幼很得他的喜欢。但当次子刘琮和蔡氏侄女结婚后，蔡氏和她弟弟蔡瑁就想废长立幼，让刘琮即位。枕头风吹多了，刘表对刘琦的好感也减弱了，但废长立幼是件大事，他到现在也没拿定主意。

诸葛亮和刘备一起来到了襄阳，却没有和刘备一起去见刘表。他之前拒了刘表几次而现在却辅佐了刘备，还没想好怎么向刘表解释这个问题。

他就在大厅里坐着等待刘备，闭目养神。风把园子里熟悉的花草气味送进来，他好像又回到了十几年前，和叔叔一起住在这里的日子。

正恍然间，忽然有人从后面拍了他一下。

"孔明！还真的是你！听说你投了刘备门下，我还不敢相信呢！"声音里有种不自然的激动。

诸葛亮回头一看，原来是长公子刘琦。他少年随叔叔来荆州避祸时，就已经和刘琦熟识。后来娶了黄月英，因为黄承彦是蔡瑁的姐夫，诸葛亮就转而变成刘琦的表妹夫了。

"前天我新得了一本古书，是孤本，我带你去看看。"刘琦边说边拉着诸葛亮就走。

"公子，我不能去，我在等主公呢。"

"不妨事儿，一会儿就好了。"刘琦不由分说就把诸葛亮拖出了门。

穿过走廊，曲曲弯弯来到一座楼前，刘琦推门进去，屋里靠墙竖着架梯子，通往阁楼。

刘琦指着上面说："古书我藏在上面了，我们上去看吧。"

诸葛亮见推脱不了，只得与刘琦一起上了楼。却见楼上一张桌子，上面已经摆好了酒菜。诸葛亮心知有异，却只笑道："原来公子早有准备，快把古书拿出来吧。"

刘琦这时却忽然变了一副愁苦的脸色，低声求道："孔明，实不相瞒，我请你来是有事相求，怕你不肯才出此下策，你就帮帮我吧！"

说着便把蔡氏和蔡瑁想废长立幼的事说了。

"自古以来为争权夺位而死于非命的长子数不胜数，你不帮我，我怕也活不了了。"刘琦恳求道。

诸葛亮默不作声，非常为难。他处事一贯谨慎，身为刘备的谋士，插手刘表的家事是极不妥当的。再加上他与刘表后妻有亲戚关系，无论怎么看，还是避开这件事为好。

"主公要回来了，我得赶快回去。"诸葛亮说着就准备下楼，却发现梯子不知什么时候已被撤走，这下他知道逃不过去了。

"孔明，你不帮我出主意，你就不能下去。"刘琦干脆一不做二不休。

诸葛亮又好气又好笑，自己堂堂一谋士，却先中了他人的计策。

他在楼上走来走去，想要一个两全之策。想了一会儿，他对刘琦说："我给你讲一个春秋时发生在晋国的故事吧！"

"洗耳恭听。"刘琦来了精神。

"晋献公有太子申生，公子重耳、夷吾。后

来晋献公的宠妾骊姬又生下奚齐，骊姬想立奚齐为太子，于是设计陷害申生，诬陷申生弑父，最后申生自杀，而重耳和夷吾逃到了国外，过起了流亡生活。"

讲到这里，他问刘琦："公子可知为什么申生死了，而重耳、夷吾却得以活命？"

刘琦摇头茫然不知。

诸葛亮缓缓说道："太子申生在国内遭到危险，而他弟弟重耳因为在外面却获得了平安啊！"

刘琦登时恍然大悟，他向诸葛亮拜道："多谢孔明赐计。"

诸葛亮正色道："我只是给公子讲了个故事，可没出什么主意。"

送走诸葛亮后，刘琦便来到父亲刘表处，请求外出任职。刘表正为继承权争夺的问题焦头烂额，见刘琦主动要求外出，求之不得。正好镇守江夏的黄祖死了，就派刘琦去了江夏。

回到新野后，诸葛亮向刘备说起此事。刘备说："可怜长公子无所依持，幸好有先生为他出谋划策。"

诸葛亮笑道:"我为长公子谋划出路,不止为他避难,也是在为我们以后着想啊。"

"请先生说来听听。"刘备十分好奇。

"一来,公子刘琦向来与主公交好,刘表多疑,又提防着主公,公子若离开荆州,也可去了刘表的怀疑之心。二来,刘琦为荆州长公子,毕竟有不可取代的地位,万一将来事情有变,主公还多了一块立足之地。"

刘备听了不禁甚为佩服诸葛亮的心思缜密,深谋远虑。

看到江东孙权杀死黄祖,荆州牧刘表病重,曹操唯恐荆州这块肥肉落入孙权之手,于是暂时放弃关中,举兵十五万南下夺取荆州。

曹操南下的消息传来,刘表气急攻心,竟在这节骨眼上死了。长公子刘琦驻守在外,蔡瑁等人抢先一步,拥立次公子刘琮继位。面对曹操大军压境,荆州内部人心惶惶,刘琮为求自保,决定向曹操投降。

刘备失去了荆州的依靠,势单力薄,赶紧与

诸葛亮商量对策。

"主公若留在樊城，樊城没有屏障，不日即会被曹军攻克，不如放弃樊城，往南方的江陵转移。江陵城墙坚固，位置险要，刘表还在那里囤积了大量的物资，在那里抵抗曹操要比樊城好得多啊。"

"看来也只能这样了。"刘备无奈地说。

从樊城到江陵，必经襄阳。到了襄阳城外，诸葛亮又建议说："刘琮刚继位就投降曹操，荆州旧部有很多人不服，主公在荆州却有很高的声望。主公可以劫持刘琮，夺取襄阳，然后联合江夏长公子刘琦，夺取荆州，就可以和曹操对抗了。"

刘备沉吟半晌，说："景升兄临死前曾将荆州与刘琮托付于我，我不能做出此等背信弃义之事。"

诸葛亮叹道："主公真是仁德之人啊。"

于是刘备就带着大队人马从襄阳城外走过，襄阳城内一些官吏见此情景，自动跟随刘备南下，荆州城的很多百姓也都拖家带口追随刘备，寻求庇护。到达当阳县时，追随的难民已达十万，而刘备不忍弃百姓于不顾，行进速度越来越慢。

曹操抵达新野后，听说刘备已撤向江陵。曹操害怕江陵被刘备占据，亲自率领精兵五千，日夜兼程追赶刘备。而刘备队伍庞大，行动迟缓，终于在当阳长坂被曹军追上，张飞率兵奋力抵抗，但仍无济于事，十万多人被冲得七零八落，刘备的两位夫人和儿子刘禅也被冲散。

大将赵云命令残军保护刘备和诸葛亮等人先行，自己冲入乱军，寻找刘备家小。此时，糜夫人等人已被曹军追及，幸亏赵云及时赶到，将曹军杀退。糜夫人因伤重不愿拖累，投井而死。赵云将幼主系在怀中，单枪匹马杀出曹军重围，在长坂桥与刘备、诸葛亮、张飞等人会合。

见曹军已近，张飞让刘备等人先行，自己横握长矛立在桥头，向曹军大声怒吼："谁敢与我决一死战！"

曹军被张飞气势所慑，又恐长坂桥已被张飞破坏，竟不知怎么办好。

因江陵已被曹操占据，刘备等人只得暂时退

往夏口。

当阳之战，刘备损失惨重，大部分军队被击溃，追随他的十万民众被曹操掳掠，而他自己的两个女儿和徐庶的母亲也被曹军抓走。

徐庶是个大孝子，得知母亲被曹操所抓，只得前去向刘备和诸葛亮辞行，以手指心说："本想和将军共图霸业，但如今老母被捉，我方寸大乱，怕是不能成事。请允许我离开去找母亲吧！"

刘备和诸葛亮虽万般不舍，但也没什么好办法，只好让徐庶北上去见曹操。此后，徐庶便在曹操手下做事。

曹操大获全胜后，收编了荆州的散兵，又攻陷了江陵，不禁矜然自得。如今刘备势单力薄，只要孙权屈服，则天下尽在囊中。他派使者给孙权送了一封战书，假如孙权有自知之明，也向刘琮一样举城投降，那就彻底了却了心头之患。

曹操南下之时，孙权也亲率大军驻扎柴桑，观望成败。又派鲁肃以吊丧之名到荆州探听虚实。

鲁肃才到夏口，就听说刘琮已献出荆州投降

曹操，而刘备被曹操击败准备南下。他当机立断，找到刘备，见面便问："如今情况紧急，刘将军准备怎么办？"

刘备假意说："我与苍梧太守吴巨有过交情，我先投奔到他那里去。"

鲁肃一听，连忙阻止说："吴巨平庸之才，又在偏远之地，不可依靠。而我主孙权虎踞江东，兵精粮足，江中英雄豪杰都归附于他，您不如派出心腹出使江东，说服我主与你们结下同盟，共拒曹操，这岂不是要好得多吗？"

刘备见鲁肃所说与诸葛亮隆中对中"联吴抗曹"不谋而合，心里十分高兴，于是对鲁肃说："我也正有此意，诸葛先生早就建议我和孙将军联合了。"

鲁肃听到刘备说"诸葛先生"，不禁好奇问起诸葛亮的家世。原来诸葛亮的哥哥诸葛瑾早年和家人失散后，流落到江东一带，做了孙权的谋士。鲁肃与他是多年的好友。当下诸葛亮与鲁肃又多了一份亲近之意。

三人商量后，刘备和诸葛亮马上调整部署，

将驻防从夏口东移至樊口。随后，诸葛亮随同鲁肃一同前往柴桑拜见孙权。

鲁肃带着诸葛亮来到柴桑后，先把诸葛亮安排在馆舍，自己去见孙权。孙权其时正好收到曹操送来的战书，他马上召集群臣前来商议。

战书上写道："近来我奉皇帝的命令讨伐有罪的人，军旗指向南方，刘琮已经投降。如今统领水军八十万人，愿与将军在东吴聚会狩猎。"

八十万大军，这可非同小可。孙权心中十分忧虑。

他将战书给群臣传阅，大家也都十分惊恐，议论纷纷。张昭和秦松等文臣都认为曹操势力太大，无法与之抗衡，不如早日投降；而程普、黄盖等武将主张防守，择机而动。唯有鲁肃一言不发。

孙权被弄得心烦意乱，他走出大厅想平静下心情，这时鲁肃跟了出来。

孙权问："先生有什么要说的？"

鲁肃说道："我看大家都在劝您向曹操投降，这些人都不能成大事。我鲁肃可以投降曹操，主公您万万不可啊！我鲁肃投降了曹操，仍旧会有今天的地位，可将军您就不一样了，您如果投降了曹操，以后该怎么办呢？”

孙权听了鲁肃的话，大受震动，他叹道："今天大家的议论，都让我非常失望，唯有先生的想法和我一样，你真是上天赐给我的啊！"

鲁肃又说："现在情况紧急，主公应立即召回周公瑾商议对策，我这次去江东也了解了一些荆州的情况，刘备派来诸葛亮出使东吴，现在正在馆舍里等待。主公可见一见他再做定夺。"

当天晚上，月黑风高，孙权秘密会见了诸葛亮。

孙权上来就问："现在曹操势不可挡，刘将军刚刚大败，我江东也处于危急之中，不知先生有何良策？"

诸葛亮不亢不卑地说："自从天下大乱，将军据有江东，我主公也在汉南招募军队，与曹操共争天下。如今曹操已平定北方，南下攻破荆州，威震四海。将军不妨量力而行，若以东吴实力，能与曹操抗衡，就早日断绝来往，划清界限；若无力抵挡，不如趁早投降，向曹操称臣。如今将军表面服从曹操，而内心却犹豫不决，这样当断不断，是会引来大祸的啊！"

孙权一听大惊，本来他见诸葛亮年纪轻轻，还没放在眼里，没想到他一开口就说出这样的话来，他盯了诸葛亮看了半晌，笑着问："既然曹操如此厉害，你们刘将军为什么不早点投降呢？"

诸葛亮早料到孙权会这么问，他不慌不忙地说："古时候的田横，不过只是齐国的一名壮士，他都能够坚守大义宁死不屈，刘将军是汉室后裔，英明盖世，如果事情不成功，也只能说天意如此，怎么能够向曹操俯首称臣呢？"

孙权听了勃然变色："你主公刘备都不肯屈服，何况我江东之地，十万将士，怎肯轻易受制于人？"

诸葛亮笑道："孙将军果然是当世豪杰，有如此不屈雄心，曹操还有什么好怕的呢？"

但孙权毕竟心有顾虑："我知道除了你们刘将军，没有人敢与曹操正面对抗，只是你们刚刚在当阳打了败仗，哪里再有能力去抵抗曹操呢？"

诸葛亮见孙权抗曹之心已被激起，为打消他心中顾虑，徐徐道来：

"刘将军虽然新败，但剩余的士兵和关羽的水军加起来也有一万多人，再加上刘琦在江夏的将士，也有一万多人。"

他顿了顿，又接着说："曹操远道而来，已是疲惫不堪，所谓强弩之末。兵法忌军队疲惫，长途跋涉，何况曹操为北方军队，不习水战。荆州军民归附曹操者，多是为势所逼，并非真心拥戴。如果将军您能够派几万精兵与刘将军同心协力，曹操一定会退回北方，那么，孙刘两家势力必定会强大，与曹操三足鼎立。望将军早做决断，成败之机，就在今日！"

听了诸葛亮的分析，孙权脑中渐渐明朗，望着眼前这个年轻人，他满心赏识。初时还以为他只是一个徒有虚名之辈，如今却完全被他的远见卓识折服。他心里已打算联合刘备抵抗曹操，但是还是要听听周瑜的意见再做决定。

周瑜，字公瑾，在孙策之时便是东吴的将领，才能绝伦，一向能谋断大事。当时他正在鄱阳湖操练水兵，接到命令便火速赶往柴桑。

当晚，孙权秘密召见了周瑜和鲁肃。第二天，再度召开军事会议。

主降派张昭首先说道："曹操挟天子而征四方，如果与他对抗，则为国家叛贼。何况我们与曹操实力相差悬殊，不如与曹操和谈。"

周瑜马上反驳说："曹操托名汉相，实为汉贼。主公有父兄打下的基业，占据江东，兵精粮足，正当一显身手，匡扶汉室。如今曹操自己来送死，我们怎么能投降呢？"

张昭说："说得容易，曹操八十万大军，我东吴如何抵挡？"

周瑜声音琅琅："且不说八十万大军有多少夸口，一来如今北方并不安定，曹操带领精锐部队南下，关西的马起、韩遂都是后患，曹操无法旷日持久作战；二来曹军多为北方士兵，不善水战；三来现在正是冬日，曹军粮草匮乏，骑兵也难以在冰面上奔驰；四来曹军远道而来，水土不服，容易生病。此四者，皆为用兵所忌，而曹操贸然行之，必将自食其果！"

周瑜慷慨陈词之后，会议中气氛高涨起来。

孙权也非常激动，他霍地站起："今日群雄已灭，唯我尚存，我与汉贼势不两立！"

说着拔出佩剑，朝桌案狠狠砍去，一块案角应声而下。

"有谁再敢说要投降曹操，后果和此桌案相同！"孙权威严地说道。

众臣明白孙权已下定了决心，谁也不提投降的事情了。

孙权当即选了三万精兵，任命周瑜为左都督，程普为右都督，鲁肃为赞军校尉，与诸葛亮一起前去樊口与刘备的军队会合，共同迎战曹操。孙权自己也整顿人马，在柴桑准备接应。

曹操给孙权发了战书之后，便在江陵忙着做战争准备，准备顺流而下攻击江东。刘备见曹军就要到来，心中忧虑，每日在江边眺望孙权前来相助的军队。

终于，哨兵来报，东吴援军正逆流而上，即将到达樊口。刘备非常高兴，忙坐了小船前去迎接。

见了周瑜，刘备问："将军带了多少人来？"

周瑜说："三万。"

刘备大失所望："三万人，怕是有点少了。"

周瑜信心十足地说："三万足够了，你就等着看我如何打败曹操吧！"

于是，周瑜统领三万人，刘备另带两千兵士，一同逆流而上，行到赤壁，与曹操大军相遇。正如诸葛亮当初料想的那样，曹操军队多是北方士兵，不善水战，又由于水土不服，军中疫病流行，且连日行军，十分疲惫。初次交战，曹军就被周瑜水军打败。

曹操无奈，只得退回江北乌林屯驻，一边休整军队，一边寻找破敌之机。周瑜则把军队停驻在南岸赤壁一侧，让刘备率军驻扎江夏，从两个方向将曹军挟持住。曹操二十万大军无法展开，只得沿长江北岸一字排开。

北方士兵不习惯船上作战，曹操便用铁锁将大小战船的首尾相连，士兵在船上如履平地，战斗力大增。曹操的谋士程昱见了觉得不妥，说道："船只连在一起，不宜脱身，如果着火，势必殃及他船。如果敌人用火攻，我们该怎么办？"

曹操不以为然地笑道:"冬天只有西北风,周瑜若用火攻,必将烧及自身。"

周瑜的部将黄盖也发现了曹操的这个破绽,于是便向周瑜献计说:"敌众我寡,难以持久抗衡。现在敌军战船首尾连在一起,火势容易蔓延,可以放火来击败曹军。"

周瑜十分赞同黄盖的计策,又和黄盖进一步商定了周密的计划。原来周瑜和黄盖长期在江东生活,对长江的气候非常了解,知道冬天除了大多数刮西北风外,必定有几天会有临时性的东南风。而曹操长期生活在北方,并不了解长江流域的气候。

黄盖先写信给曹操,说明白曹操必将胜利,假意要投降。曹操十分高兴,以为终于等到了击破吴军的机会。于是黄盖便带着数十艘快艇,里面装满柴草和油脂,外面裹上帷幔,向曹军驶去。在离曹军约两里的地方,黄盖将快艇一起点燃,火船像箭一样向曹军飞驰而去。

那一天,凶猛的火势乘着强劲的东风蔓延开来,以铁锁紧密连接的战船被东吴诈降的火船全

赤壁之火焚毁了曹操霸业，魏蜀吴三国争霸从此拉开序幕。

部烧着，连岸上的阵营也没逃过，曹军被烧死和淹死的数不胜数。刘备在江夏望见火光冲天，知道周瑜火攻已经得手，于是派兵出击，与周瑜水陆并进，追击曹操。

曹操见大势已去，再无斗志，干脆借火烧掉了其余战船，带领人马从华容道撤退，奔走江陵。路上多是一片沼泽之地，曹操让老弱士兵背草填泥，骑兵才勉强通过，那些背草的老弱士兵，多陷入沼泽死去，还有一些被踩踏而死。

曹操赤壁一战，伤亡惨重，好不容易退至江陵，却闻孙权率军攻打合肥。曹操鉴于形势严峻，又恐后方不稳，于是决定立即北上。他留下曹仁、徐晃继续镇守江陵，乐进镇守襄阳。

诸葛亮从柴桑回到樊口后，便在全力协助刘备做好作战准备。依周瑜的战略分配，东吴大军负责水上作战，而刘备军只负责截断败退的曹军。但即使这个任务，以刘备军现在的实力，都力有未逮。

曹操战败北还之后，周瑜的下一个目标便是攻取江陵。见此情景，诸葛亮便对刘备建议说："不妨支持周瑜夺取江陵，这样既能削弱曹操对荆州的控制，又能牵制住东吴的兵力，而我们可以趁机向南攻取荆州南部四郡，以此为立足之地。"

于是刘备便派张飞带了两千兵马协助周瑜攻打江陵。周瑜本想速战速决，但征南将军曹仁身经百战，英勇威猛，顽强抵抗了好几个月，双方难分胜负。在最后的攻城战中，周瑜不幸右肋中箭，但他仍坚持坐镇指挥作战。最后，曹仁忌惮于周瑜的气势，又担心刘备军队把自己的后路断了，才依照曹操的指示放弃江陵，率兵退回了襄阳。

在周瑜和曹仁打得难分难解之时，诸葛亮则带着关羽、赵云以及刘琦的军队向南征讨荆州南部四郡——武陵郡、长沙郡、贵阳郡和零陵郡，不但大获全胜，还收获了降将黄忠和魏延。

刘备此后也终于有了自己的立足之地。

刘备占据荆州南部四郡后，封诸葛亮为军师中郎将，督理桂阳、零陵、长沙三郡。

赤壁之战后第二年，刘琦病逝，诸葛亮及荆

州将士拥立刘备接任了荆州牧，刘备将荆州治所设在油江口，并将油江口改名为公安（今湖北公安县）。

在这次战役中，东吴虽大获全胜，却损失惨重，只得了东部三个郡，大将军周瑜也身负重伤。而刘备却趁机夺取了荆南四郡，比东吴的收获还大。这让孙权非常不满，周瑜更是愤怒，准备挥师进攻刘备。

这引起了诸葛亮的担忧：赤壁之战中，曹操虽被击败，但只是丢了一些新占领的荆州领地，并未伤及筋骨，威胁依然存在。若此时与东吴闹翻，只会给曹操以可乘之机。而江东的鲁肃同样也在为此事担忧。在两人的努力下，刘备和孙权各自做出让步，刘备承认南郡属东吴管辖，而孙权将江陵以南分给刘备，并承认了刘备在公安的地位。

刘备在公安安定下来之后，很多刘表旧部从曹操处叛逃来投刘备，加之诸葛亮将南部三郡治理得越来越好，刘备的势力越发兴旺。

孙权眼看刘备羽翼已成，心里有点不安，但

为了对付曹操又不得不结好刘备。恰在建安十四年（209），刘备的妻子甘夫人去世了，孙权便将自己20多岁的妹妹嫁给了49岁的刘备。

刘备虽然做了名义上的荆州牧，但荆州南郡的江陵还在孙权的手里。江陵位于荆州的中心，扼守着长江。如果没有江陵，既不能说拥有了荆州，更无法向西图取西川，那么，诸葛亮"隆中对"中"跨有荆、益"便只是一个空想。和孙小妹成亲后，刘备便想趁此机会亲自去东吴把江陵"借"出来。

诸葛亮得知刘备要亲自去东吴借江陵，极力反对，深恐刘备遭了周瑜的毒手。但刘备仍是坚决要去。诸葛亮看到刘备主意已定，只得叮嘱他：千万要提防周瑜，若遇紧急情况，可找鲁肃商议。

刘备到了江东，在京口见到孙权，孙权热情款待了刘备。但当刘备一说起借荆州之事，孙权便神色有变，推脱起来："江陵是周公瑾血战打下来的，如果要借，得和公瑾商量。"

他派人给周瑜送了一封信，表明刘备所求

之事。

周瑜看了信后立即回书说:"刘备一代枭雄,又有关羽、张飞这样的猛将,一定不会久居人下。不如趁此机会将他软禁起来,送上美女玩好,消磨他的意志,同时也能让他和关羽、张飞分开。刘备绝非池中之物,主公还是早做决断为妙。"

孙权看了周瑜的信后,把彭泽太守吕范和鲁肃叫来商议。之所以叫吕范来,是因为刘备刚到江东之时,吕范就向孙权建议说将刘备软禁起来,和周瑜的意见一致。而鲁肃却不这么认为,他向孙权劝道:"虽然将军英明盖世,但目前江东的力量仍不能与曹操相比,如果破坏孙刘联盟,获利的只会是曹操。不如把江陵借给刘备,一来让他去安抚荆州百姓,二来可以替东吴抵挡曹操。"

孙权听了鲁肃的话一时也没了主意,便把刘备放回了公安。

周瑜感到刘备借荆州事情重大,写了信之后又匆匆从江陵赶来见孙权,得知刘备已去,心中颇有怨言。既然主公不愿和刘备翻脸，那么不如起兵攻取西川。只要拿下西川，刘备就变成了瓮中之鳖。

他便给孙权建议："曹操自赤壁一战后，颜面扫地，而且现在北方并不稳固，曹操不可能南下。我们可以趁此机会攻取益州，拿下之后再吞并汉中张鲁，结好关西马超，然后就可以镇守襄阳而压制曹操，争霸天下。"

孙权听了这一番话后，精神大为振奋，马上命令孙瑜率水军进驻下口，并写信给刘备，约他共取益州。

刘备接到孙权的信后大吃一惊，赶紧召集诸葛亮前来商议。

诸葛亮看了孙权的信，眉头紧锁："孙权名为邀请，实为抢夺。若是给孙权取了益州，别说"隆中对"难以实现，只怕我们再也没有立足之地了。"

诸葛亮建议刘备立刻写信去阻止孙权。同时，他调兵遣将布防江岸，切断孙瑜水军从江东入川的道路。

刘备便给孙权写了一封信："我与益州刘璋是亲室，一起辅佐汉室。今天刘璋得罪了您，我惶恐不安，不知所为何事，希望您能宽恕他。"

孙权看了刘备的信，心中正犹豫不决。谁知这时，传来了一个惊天噩耗：周瑜在返回江陵的路上竟发病而死！

原来周瑜在江陵一战中受的箭伤始终未好，此次返回途中，旧伤复发，死在了巴丘，年仅三十六岁。

得知周瑜的死讯，孙权禁不住失声痛哭："公瑾有王佐之才，却如此短命，我以后还能依赖谁啊！"

周瑜一死，孙权也没有心思再去攻取益州，便把孙瑜也召了回来。

周瑜临死前，举荐鲁肃接任大都督，镇守江陵。

这对刘备来说却是个好消息，诸葛亮意识到此次借江陵有可能成功。果然，鲁肃在替代周瑜后，再次向孙权提议借江陵给刘备，孙权这次同意了。

之后，刘备便把荆州治所从公安迁到了江陵，同时任关羽为荡寇将军驻在江北，张飞为征虏将军驻在南郡。

那一天，曹操心情很好，正在桌前尽兴挥毫，忽听手下来报：孙权把江陵借给了刘备！曹操闻之大惊，手中的笔一下子掉到了地上。他一直在等待着机会，等待孙权和刘备反目成仇的那一天，却没想到孙权居然把江陵借给了刘备，这下刘备可是完全占有荆州了！

招贤纳士

　　周瑜病死在巴丘之后，由他的功曹护送灵柩回江东。这位功曹不是别人，正是当初在荆州与诸葛亮齐名的"凤雏"庞统。

　　当初赤壁一战，周公瑾闻名天下，庞统就是仰慕周瑜才跑去追随，谁知才短短几个月，周瑜竟命丧黄泉。鲁肃爱惜庞统的才华，便请他护送周瑜的灵柩回去，以便在孙权面前举荐他。

　　到了东吴，孙权见了周瑜灵柩，哀不自胜，命人将其厚葬。鲁肃上前说："主公节哀顺变，我愿推举一人以助主公。此人才华出众，多有谋略，可堪重用。"

　　孙权刚失了爱将周瑜，心中正自悲痛难耐，

对鲁肃的话也是漫不经心，他淡淡地问道："那是何人？"

"此人姓庞名统，字士元，人送雅号'凤雏'。此次护送公瑾灵柩回江东的便是他。"说着便把庞统引上前来。

孙权看到庞统面貌丑陋，形容古怪，又想到周公瑾一生风姿潇洒，心中便觉不喜，问："先生平生所学，与公瑾比如何？"

庞统说道："我平生所学，随机应变，无所拘泥，与公瑾大不相同。"

孙权听了更加不乐，此人竟是如此狂妄自大，于是便对庞统说："你先退下吧，等我有用先生之时，再来相请。"

庞统闷闷不乐出来，鲁肃非常愧疚："先生旷世奇才，却不得重用，实是天下的不幸。如今我愿为先生举荐一容身之地，先生可去荆州投靠左将军刘备。刘将军仁义宽厚，求贤若渴，必当重用。"

庞统便带了鲁肃的举荐信来投刘备，刘备听说凤雏先生来访，十分欣喜，马上请入相见。

相谈了一会儿，刘备发现庞统恃才傲物，目

中无人，便有点不喜欢。他心中免不了要拿他与诸葛亮做比较，诸葛亮谦谦君子，温润如玉，而此人面目丑陋，举止粗野，有诸葛亮珠玉在前，刘备怎么看庞统也看不顺眼。

后来听到庞统在周瑜手下任过功曹，刘备心里一沉，缓缓说道："听说当初我去东吴借荆州之时，周瑜曾向孙权献策，想把我留在东吴，可有此事？"

庞统沉默半晌，答道："确有此事。"

刘备愤然道："当初孔明劝我不要去，但我不得不去。周瑜的计策，差点让我落入孙权之手。"

如今回想起来，刘备不免有些后怕。望着这位周瑜昔日的手下功曹，刘备怎么也亲近不起来，便随便打发了他去代理耒阳县令。

诸葛亮听说庞统前来投靠刘备，先是十分高兴；后又听说刘备竟派庞统做了耒阳县令，心里觉得甚为不妥。庞统学识渊博，做一个小小的县令实在是委屈了他。但诸葛亮也知道庞统大智若愚，个性放荡不羁，表面看来是没有什么值得称道的。他没有马上劝谏，而是耐心等待着时机。

过了一阵，有人报知刘备，说庞统把耒阳县治理得一团糟，刘备听了非常生气，马上就要将庞统治罪，诸葛亮劝刘备先去耒阳查看了再说。

他们到了耒阳，径直来到县府，只见府衙门口闹闹哄哄，里面桌子上积的卷宗都堆成了山，而县令庞统却在府堂后睡觉。原来庞统怀才不遇，先后投奔周瑜、刘备都不得重用，心中郁闷，到了耒阳便不问政事，终日饮酒买醉。

刘备暴怒，当场就要将庞统革职入狱。诸葛亮劝道："主公且莫生气，庞统自负有经天纬地之才，却始终不得重用，也怪不得他会消沉啊！凡大才之人，委以大任，才能发挥其才能。望主公给庞统一个机会，切莫寒了天下士人的心！"

刘备自认也有点理亏，便对庞统说："先给你一个月的时间，将所积公务处理完毕，如果处理不好，我还是要问罪。"

庞统笑道："何用一个月时间，将军少坐片刻，待我发落。"

说完端坐案前，将几个月所积公务一一剖断，不到半日，处理完毕，是非曲直，没有丝毫差错。

刘备悔不当初，知道自己差点错过一位天下贤才，他上前赔罪道："刘备有眼无珠，辜负了先生，特向先生赔礼！"

庞统慌忙扶住："都是我庞统不识好歹，才会有此等挫折。"

刘备忍不住得意道："水镜先生曾说过：卧龙、凤雏，两者得其一个，便可安定天下。如今我二人兼得，大事可成了！"当即拜庞统为治中从事，后又与诸葛亮并为军师中郎将。

从此，诸葛亮和庞统便都在刘备身边辅佐。诸葛亮冷静细致，负责管理后方的三个郡，庞统擅长奇谋，就留在刘备身边出谋划策。在诸葛亮和庞统的帮助下，刘备的实力越来越强，后来把益州也拿下了。

前些年刘备一直带部下过着颠沛流离的日子，心里多有愧疚。得了富庶的益州后，便决定要好好补偿众将士。

首先是大摆庆功宴席，犒赏三军，然后打开

益州府库，论功行赏。益州府库钱粮本来充足，原可维持一年左右，如今被刘备打开库门，大发钱财，府库一下子就空了。众将士还嫌不够，想要刘备把城内屋舍，城外园地及桑田也分赐给各位有功之臣。

刘备正在犹豫的时候，赵云站出来反对说："当年霍去病曾说过：匈奴未灭，何以家为。如今曹操比匈奴还要可恨，我们怎么能够安心生活呢？等天下统一，兵士们回到故乡，解甲归田之际，才是安享太平之时。现在益州百姓刚刚遭受战争伤害，应该把田地房舍归还给他们，让他们安居乐业，这样我们才能得到他们的支持啊！"

赵云秉性正直，大公无私。他曾两次解救刘备的儿子阿斗，居功至伟，深得刘备的信任。如今刘备听了赵云的话非常感动，立即停止封赏，转为安抚益州的百姓为先。

府库中的钱被刘备用于犒赏军将，国库一下空虚，物价腾高，市场混乱不堪。而益州原有官绅也不服刘备管束，擅自增加赋税，老百姓的生活顿时陷入了困苦之中。

看到刘备天天愁眉不展，诸葛亮便对刘备说：
"我向主公推举一人，此人具桑弘羊之才，如果
主公肯用他，他一定能想出办法平抑物价，充实
国库。"

"先生快讲！"刘备正自发愁，看到诸葛亮
来举荐人才，急不可耐。

"刘巴！"诸葛亮的声音铿锵有力。

"啊，原来是他啊……"刘备听到这个名
字，一下泄了气。

刘巴，零陵人，字子初。当初刘表数次征召
他入官，他都拒而不就，后来曹操南下荆州，刘
巴就投了曹操之门。赤壁之战后，曹操兵败，三
郡归入刘备之手，刘巴为避刘备干脆隐居乡里。

诸葛亮知道刘巴是个难得的人才，特地写信
向他示好。但刘巴明确表示不愿辅佐非正统的刘
备，使得刘备对刘巴也深以为恨。后来周瑜夺得
江陵，刘巴北上的路被堵死，他干脆去益州投奔
了刘璋。

当初刘璋派法正去请刘备时，刘巴曾劝谏道：
"刘备此人野心很大，若请他去讨伐张鲁，无异

于放虎归山。"但刘璋没有听从刘巴的建议。等到刘备攻取了益州，刘巴就闭门不出，想方设法躲着刘备。

刘备进入成都城的时候，大家都以为，第一个被收拾的人就是刘巴。为此，诸葛亮特地劝刘备下了一道命令："谁要是伤害刘巴，就要诛灭三族！"并几次三番对刘备说："刘巴有运筹帷幄之才，比我高明多了。"

如今，诸葛亮见刘备不作声，便劝他说："大有所为的君主，一定有他所不能召唤的臣子。主公征召刘巴，并不是非他不可，而是彰显您爱才之心呀！若是刘巴都能为您所用，那其他人还有什么顾虑呢？"

刘备听了后，决定要招揽此人。诸葛亮几次亲自登门拜访，刘巴终于感动，登门向刘备谢罪。刘备也丝毫不计前嫌，封刘巴为左将军西曹掾。

刘巴虽是个不好惹的人物，但他确实才华过人，相当有见识。他上任后，诸葛亮就军用不足的问题向他请教，刘巴脱口而出："这个问题简单，多铸些直百钱，让物价平稳，然后由管家制定价格，把市场管理好就可以了。”

于是刘巴着手对市场进行管理，才几个月时间，物价就平稳了，府库也充实了。

虽然刘巴非常有才学，但他却非常高傲，看不起武将。

张飞一向敬爱君子而不体恤下人，看到刘巴如此有才学，便想去结交。

有一天，他来到刘巴家里，直到晚上也没离开。但刘巴居然连张飞的面子也不给，一整天都不和张飞说话，张飞为此非常郁闷，便去找诸葛亮诉说刘巴的怠慢。

诸葛亮就劝刘巴说：“张飞虽是武人，但他非常敬慕先生。主公正召集天下文武人才，以成就一番事业，先生您就算天性清高，也还是随和一点好。”

刘巴傲慢地说：“大丈夫处世，当交四海英雄，和一介武夫有什么可说的？”

刘备知道了这件事，震怒道：“我想要平定天下，这个刘子初总要和我作对，这是在真心帮助我吗？我看他大概还是想回曹操那里去吧！"

诸葛亮看到刘备如此生气，担心他处置刘巴，便说："人无完人，论谋略，我不如刘巴；如果论用兵，那就另当别论了。"

刘备明白诸葛亮的用心，哈哈笑道："刘巴就是一头犟驴，也只有我才用得了他啊！"

治理益州

  刘备在诸葛亮和庞统的辅佐下，牢牢地掌握了荆州。但是按照诸葛亮当初在隆中三分天下的构想，刘备仅占有荆州是不够的，还要西取益州。

  益州物产丰富，沃野千里，加之地势险要，外力难以入侵，必须利用狭窄的栈道作交通要道。占据了益州这块肥肉，刘备才能真正和曹操抗衡。

  恰在这时，一个绝好的机会来临。

  益州牧刘璋暗弱无能，在赤壁之战前，他为了保全自己而向曹操投降。他手下有两个谋士，一个叫法正，一个叫张松，都认为刘璋不能成大器，想另择明主。

在曹操攻打汉中张鲁时，张松便对刘璋说：
"曹操想吞并天下，恐怕他攻下汉中就会打益州
的主意。"

刘璋一听有理，禁不住着急起来，张松又劝
他说："刘备和您同宗，可以请他来益州一起对付
曹操。"

原来，张松在代表益州出使魏国时，受到了
曹操的冷遇。张松虽然学问广博，颇有辩才，但
却容貌丑陋，身高不及五尺。曹操见了他的样子
本来就不喜欢，再加上刚失了爱子曹冲，心灰意
懒，招待上未免冷落了些。

张松一向恃才傲物，对曹操的行为自然非常
不满。他返程时便暗中前往江陵见了刘备。而诸葛
亮见张松前来，非常高兴，建议刘备对张松热情招
待。他们一起讨论天下局势，相处得非常融洽。

张松回去便和法正密议结交刘备。

这一次刘璋听了张松的劝告后，便派法正去
请刘备入川。

法正，字孝直。扶风郿人，出身名士之家，
因天下饥荒而来益州避难，同他一起来的还有同

乡好友孟达。法正足智多谋，自负才高，言行狂妄，一直未被刘璋重用，此次前来见刘备，两人同谈天下大事，相处十分融洽。

法正对刘备说："益州天府之国，像将军这样英明之主才应该做益州的主人。我和张松做您的内应，您取得益州易如反掌。"

刘备沉默不语，军师庞统也劝他说："荆州东边有孙权，北边有曹操，两边掣肘，无法伸展。益州天府之国，又有天险依托，要成就霸业，可先拿下益州。"

刘备还有点犹豫，说道："曹操是汉贼，如今我却舍曹操去讨伐刘璋，师出无名，恐怕要失信于天下了。"

庞统慨然道："天下大事在于权宜机变，不是一条原则所能决定的。兼并弱小愚昧的国家，才能成就春秋霸业。只要在事定之后对百姓施以仁政，使他们安居乐业，就不算失信。今日您不取益州，曹操和孙权也会取的。"

刘备听了这番话后，终于下了决心。

建安十六年（211），刘备派诸葛亮和关羽等人镇守荆州，自己带了庞统、黄忠、魏延等文臣武将，统兵数万人来到蜀州。

刘璋请刘备去攻打张鲁，但刘备只是装模作样，暗地里整编军队，收买民心。

建安十七年（212），张松暗通刘备东窗事发，刘璋将张松斩杀，和刘备彻底交恶。刘备开始正式攻取益州。

由于刘璋之前过于相信刘备，疏于准备，他接连派出张任、吴懿阻击刘备，都遭到了失败。后来刘璋又派李严率军在涪城驻防，谁知李严却带领部下投靠了刘备。

刘璋又从阆中围攻葭萌。刘备担心刘璋从东面堵击，截断他与荆州的联系，便马上派人送书，请诸葛亮速来益州援助。

诸葛亮即将入蜀援救，对荆州很不放心。他思来想去，决定把荆州重任托付给关羽，并留下马良、糜竺、糜芳等人来辅助他。

安排就绪后，诸葛亮随即带着赵云、张飞、刘封等将士一起杀奔益州。

诸葛亮派张飞为先锋，张飞一路势如破竹，

直至来到江州，遇到蜀中老将巴郡太守严颜。

严颜是益州年纪最大的将领，作战经验丰富。他当初强烈反对刘备入蜀，曾叹息说："这是独自在没有出路的深山，放出老虎来护卫自己啊！"

严颜听说张飞率领大军向东后，便领五千士兵据险而守。他知道张飞向来性急，一定缺乏耐心，只要坚守一阵，张飞必定会自乱阵脚。

没想到张飞粗中有细，见严颜坚守不出，索性将计就计。在几度攻城无果后，他在营中假装大发脾气，怒打士兵，还装模作样拷问附近的农民，找寻越山的小路。

严颜料定张飞打算寻小路越山而过，便下令趁夜袭击张飞正在越山的军队。谁知这只是一个假张飞而已，真张飞此时则在后面率领精锐进攻严颜。严颜被前后夹击，方知中计，急忙返回时，却发现城头部队已换成荆州军了。

严颜被张飞擒获后，拒不投降，怒骂道："是你们无义，侵犯我益州！这里只有断头将军，没有投降将军！"说完圆睁双眼瞪视张飞。

张飞听了大怒，命令左右把严颜推出斩首，不料严颜毫无惧色，反而冷冷地说："要杀就杀，发什么脾气！"

张飞打心眼里佩服严颜的豪气，他亲自下去给严颜松绑，说道："将军是真英雄，张飞多有得罪。"严颜见张飞如此义气，顿时也心服口服，决定投降。

诸葛亮到了江州，便兵分三路直逼成都：一路由张飞带兵攻成都之北；一路由赵云带兵进成都之西；第三路由诸葛亮带刘封等人从中路直取成都。

很快，诸葛亮与张飞的军队会兵德阳，赵云也打下资中。诸葛亮一路军纪严明，不许士兵骚扰百姓，践踏庄稼，老百姓都自发地以牛羊酒肉犒赏诸葛亮的军队。

在诸葛亮平定巴东之时，刘备和庞统在雒城久攻不下。他们的这批首征军，虽然声势浩大，却大多属于益州降军。久攻不下，庞统决定亲自做饵引张任出城。

张任果然轻敌，带兵出城后，被庞统擒获。张任坚决不降，刘备无奈只得将他杀掉。而刘循从此坚守不出。

得知诸葛亮等人已平定巴西，攻下资中、德阳的消息，刘备对雒城发起猛攻，而庞统亲自上阵指挥攻城，不幸被一支冷箭射中身亡，年仅三十六岁。

庞统死后，刘备极为痛惜，一说到庞统就泪流不止。他为庞统亲自挑选了一块墓地，名为"落凤坡"。

刘备攻克雒城后，就和诸葛亮、张飞、赵云等几路大军包围了成都。刘璋被迫向张鲁求救，张鲁派来救援的马超却投降了刘备。眼看大势已去，刘璋准备出城投降。

蜀郡太守董和劝刘璋道："现在城内精兵尚有三万，粮食、布匹也还可供应一年，何必现在就急着投降呢？"

刘璋听了，感叹说："我父亲和我统治益州二十多年，对百姓少有恩德，如今已打了三年的仗了，百姓已经够苦的了。我若再坚持下去，百姓会更苦，我怎么忍心呢？"

众人听了，都默默流泪。刘璋打开城门，和简雍坐车来见刘备。

刘备见了刘璋，面有惭愧之色，说："并不是我不顾及道义，我也是事出无奈才这样做的啊！"

诸葛亮劝刘备让刘璋搬离益州，以断绝益州臣民反抗之心。刘备归还了刘璋的全部财物，并赐他为振威将军，让他迁至南郡的公安居住。

就这样，刘备占领了益州。

当时的益州，由于刘璋软弱无能，加之几年的战乱，百废待兴。上上下下都不把政令放在眼里。诸葛亮决定厉行法治，整顿益州长期以来混乱的局面。

新任蜀郡太守、扬武将军法正本就不拘小节，这时便站出来说："当初汉高祖入关之后，把秦朝的严峻法令都给废除了，只约法三章：'杀人者死，伤人者刑，盗窃者抵罪。'老百姓都感恩戴德。如今你们刚占领益州，对百姓也没什么恩惠，还要严刑峻法去约束他们，这样老百姓能没有怨言吗？"

对于这个问题，诸葛亮专门写了一篇《答法正书》来回复法正，书中写道："这件事你只知其一不知其二啊。当年秦王残暴失政，还制定严苛的法律去压迫人民，百姓都快活不下去了，所以高祖入关，只约法三章，去其束缚，让百姓休养生息。而现在则完全相反，刘璋暗弱无能，法令松弛，官吏豪强横行不法，为所欲为，因此才需要制定严格的法纪，以整顿秩序，恢复纲常。"

虽然刘备一贯主张仁义，但在这件事上却非常支持诸葛亮。在诸葛亮的建议下，刘备还成立了一个制定法令的小组，由诸葛亮、法正、刘巴、李严、伊籍五人组成，编写了一部叫《蜀科》的法令，条例非常严苛，但因为诸葛亮执法严明公正，老百姓却很信服他。

法正虽然也参与了《蜀科》的编写，却并不以身作则。他心胸狭小，睚眦必报。在刘璋手下时，他自视清高，郁郁不得志。如今因帮刘备占有益州，被任蜀郡太守，又领了扬武将军，一时权势煊赫。以前给过他好处的人，他无不报答；

以前得罪过他的人，他也无不报复。甚至公报私仇，擅自杀了几个中伤他的人。

有人看不下去了，向诸葛亮建议说："法正太无法无天了，军师您去禀告一下主公，让主公节制一下他吧。"

诸葛亮也不喜欢法正的人品，但对他无法直接对他处罚。一是因为法正深得刘备的信任和喜爱；二是因为法正虽然心胸狭小，狂妄无行，但却行事果决，擅长奇谋，对益州和汉中的情况又很熟悉，是个难得的良才。他思考了很久，决定找机会在刘备面前表扬法正。

有一天，刘备、诸葛亮、法正、董和等都在朝堂上的时候，诸葛亮对刘备说："主公，很多人都说，法孝直在蜀郡飞扬跋扈，让我启奏主公。可我认为，主公在荆州之时，北面害怕曹操，东面担心孙权，伸展不得。如今靠了孝直的帮助得了益州，才能幡然翱翔。这功劳多么大啊！对于这么大功劳的人，我们难道不该容忍他，让他去做自己喜欢做的事吗？"

法正听了这一席话冷汗直冒，刘备也若有所思。

之后，法正的行为有所收敛。

对待法正尚且如此，其他人犯法，诸葛亮更不手软。

彭羕，字永年，起初在益州任书佐，有人诽谤他，于是刘璋剃了他的头发和胡须，罚作苦役。后来刘备入蜀，彭羕想要结交刘备，便去见庞统。到了庞统营帐里，庞统正在会客，彭羕便径直爬到庞统的榻上等他。客人走后，彭羕一边吃喝一边与庞统攀谈。庞统非常欣赏彭羕的个性和才华，便把他推荐给了刘备。

攻取益州后，刘备提拔彭羕为治中从事，彭羕自从升迁之后举止便非常嚣张，趾高气扬，不可一世。除了刘备和法正，谁也不放在眼里。诸葛亮看在眼里，虽说表面不露声色，但内心很不以为然，多次向刘备进言，说彭羕野心太大，难保后面会做出什么事来。后来刘备便把彭羕下放到江阳郡去当太守。

彭羕被贬后，心里很不高兴，有次去见马超，马超说："你的才干与诸葛亮、法正不相上下，怎么能让你去做小郡太守呢？"

提起这个，彭羕便一肚子气，他骂道："这个刘备老痞，荒唐无理，没什么好说的！"

骂了还不解气，又对马超说："你天下无敌，我足智多谋，我们里应外合，岂不是天下可定？"

马超听了吃了一惊，他本是归顺之臣，心里常怀忧惧，现在彭羕说这等话只怕是刘备在试探自己，于是他便把此事一五一十上报给刘备，于是彭羕被投进了监狱。

彭羕入狱后，非常后悔，他便给诸葛亮写了一封信悔过，虽然信写得情真意切、催人泪下，但诸葛亮考虑到令不行则禁不止，还是忍痛把彭羕处死了。

斩掉彭羕之后，诸葛亮在益州慢慢树立了威信。为深入了解民情，刘备和诸葛亮经常在蜀中巡视，有一天，他们出巡至广都县衙时，发现县令蒋琬喝得酩酊大醉，沉睡不醒。刘备勃然大怒，马上就要将蒋琬问罪处斩。

诸葛亮仔细观察了广都县，发现百姓安然有序，便向刘备求情道："蒋琬是社稷之臣，而非百里之才，做一个小小县令实在是委屈他了，望主公明察。"

刘备很疑惑："你之前也不认识蒋琬，怎么能认定他是社稷之臣呢？"

诸葛亮解释说："为政以安民为本，蒋琬虽不问政事，但他治下的百姓却能安居乐业，这是很难得的。"

刘备听了诸葛亮的话，便没有杀蒋琬，但仍然将他免了职。

蒋琬被免职后就回到了老家，有一天晚上，他做了一个很奇怪的梦，梦见家门口挂着一个牛头，牛角和牛鼻子上都是血。蒋琬惊醒后非常害怕，便去找人为自己解梦。

解梦人说："大吉。梦见血，意味着事情已经结束，不会再有惩罚；梦见牛头和牛角，表明你以后将位及三公，一人之下，万人之上。"

蒋琬听了将信将疑，但是没过多久他就被诸葛亮重用了。

白帝托孤

建安二十四年（219）七月，在诸葛亮等文武大臣的劝进下，刘备自封汉中王，立刘禅为太子。

刘备平定汉中后，远在荆州的关羽看到连老兵黄忠都立下了奇功，不禁内心痒痒，摩拳擦掌也想建功立业，于是他便率领人马围攻樊城。

樊城由曹操大将曹仁在镇守，曹仁被关羽围住后束手无策。曹操素知关羽勇猛过人，也不敢轻敌，派智将于禁、西凉猛将庞德前来驰援，结果适逢八月雨季，汉水暴涨。关羽断决河堤，引汉江洪水，把驻屯于樊城外的于禁七军全给淹了。又乘胜追击，生擒于禁，斩杀庞德，一时之间威名声震华夏。

曹操见关羽锋芒逼人，考虑是不是带汉献帝迁离许都。那时曹操已自立魏王，他的丞相府军事参谋司马懿极力反对，此事才作罢。

司马懿对曹操说："于禁战败，是天公不作美，并非攻战失利。关羽和孙权素来不和，可利用两人之矛盾劝说孙权偷袭关羽后部，那么樊城的危险就自然解除了。"

原来关羽虽然是熊虎之将，但却心高气傲，无比骄矜。当初马超前去投奔刘备，被封为平西将军。关羽得知心中愤愤不平，他给诸葛亮写了一封信，问他和马超谁的才能更高？诸葛亮知道关羽是骄傲之人，便回信说："马超这个人文武兼备，可算是当世英杰，好比西汉的勇将黥布、彭越，也可与张飞一争高低，但还是不如美髯公您那般绝伦逸群啊！"关羽看到诸葛亮这么说非常得意，把信拿给宾客幕僚左右传阅。

诸葛亮担心关羽傲慢轻敌，会与东吴制造摩擦。他领兵去益州之前特地写下八个字嘱咐关羽："北拒曹操，东和孙权。"抵抗曹操关羽倒是威风凛凛，令人闻风丧胆，但联合东吴他就完全不放在眼里的了。孙权曾为了讨好关羽，为自己的儿子向关羽的女儿求婚，没想到关羽竟然说："虎女怎能嫁于犬子？"还把使者大骂了一通，这令孙权怀恨在心。

鲁肃尚在世时，一直以同盟大局为重，对关羽也常常安抚。鲁肃死后，接替他职位的是大将吕蒙。吕蒙字子明，汝南富陂人，治军严谨，勇猛善战。他出身贫苦，少时少于读书，孙权曾劝他："你现在当权掌管事务，不可以不读书。"吕蒙则以军务繁多，无暇读书来推脱。

孙权说："我劝你读书，难道是要你去做经学博士吗？只是要你多了解些历史，多些前人治事的经验罢了。你说事务繁忙，可有我的事情多吗？"

正好吕蒙旧疾发作，在家养病，他便接受孙权建议开始闭门苦读。不久，鲁肃来浔阳探望吕蒙，两人一起谈论天下大事，相谈之下，鲁肃大为吃惊地说："士别三日，当刮目相看。将军已不是昔日那个吴下阿蒙了！"

吕蒙虽然与鲁肃交情甚好，但他们对事情的

处理却很不相同。吕蒙一直对刘备怀有戒心，他马上便赞同了偷袭关羽的建议，对孙权说："刘备、关羽这对君臣反复无常，不可信赖。现在他们之所以还没有犯我东吴，只是因为他们还不够强大。如今不趁机会图谋他们，等他们强大了，再去攻取就不可能了。"

孙权本来就视荆州为立国之本，于是便将偷袭荆州的任务交给了吕蒙。

吕蒙为了迷惑关羽，表面上对他十分恭敬。关羽大为受用，渐渐放松了警惕。后来吕蒙又自称病重，孙权故意发了一封不加密封的公文召吕蒙返回，另派年轻的陆逊镇守陆口。陆逊到了陆口，给关羽写信，称颂关羽的功德，言辞十分谦卑。关羽自此不再有疑心，逐渐撤出防守的军队，全力攻击樊城的曹兵。

关羽撤出防守后，吕蒙趁荆州兵力空虚发动奇袭。留守荆州的傅士仁、糜芳等将领，平时本来就不满关羽傲慢，此时纷纷倒戈投降。

关羽在得知荆州失守后急忙撤兵南返，但为时已晚，他数次派人向驻扎在上庸的刘封、孟达求援，但刘封、孟达拒不受命。关羽孤立无援，只得从麦城逃走，被埋伏在那里的东吴大将马忠杀死，年约五十八岁。

关羽败亡，痛失荆州，损失数万精锐之师，这一切让刘备痛心不已。得知刘封、孟达不肯增援关羽，他更是气愤，急招刘封、孟达前来成都，准备问罪。

孟达见逃不过惩罚，干脆去投奔了曹操。刘封是刘备的养子，打仗相当勇猛，当初跟随诸葛亮一路攻取益州，立了不少功劳。刘备原本是将刘封当成继承人来培养的，后来有了刘禅，刘封的地位就变得尴尬起来。

到了成都，刘备也不知该怎么治刘封的罪，便将他软禁了起来。

这时，诸葛亮找到刘备说："主公进封汉中王，已立太子。但自古多少君位之争祸起萧墙，兄弟相争，父子相残。如今太子仁厚，是一位文治之君。长公子刚猛，又带兵多年，只恐日后难以驾驭……"

刘备变了脸色。三日后，刘备赐刘封自尽。

建安二十五年（220）正月，正当刘备准备重新夺回荆州，为关羽报仇之时，北方传来消息，曹操在洛阳王宫病逝。十一月，曹丕逼汉献帝退位，自立为王，改国号"魏"。

　　曹丕篡位称帝，汉朝灭亡，刘备只得把为关羽报仇的事先放了下来。他发檄文声讨曹丕，发誓要与他斗争到底。

　　诸葛亮及文武大臣联名上表，希望刘备能继承大统，登基称帝。

　　刘备心中犹豫，责备众人说："你们是要陷我于不忠不义吗？"

　　诸葛亮劝刘备说："现在曹丕篡汉，天下没有正主，百姓即使心中向汉，奈何汉家无主。主公身为汉室宗亲，血脉正统。您不即位称帝，汉家百姓只得投于虎狼之口了。"

　　刘备默然不语。

　　诸葛亮又说道："再说各位文臣武将跟随主公，也是为求取功名。主公您这样推三阻四，只怕会寒了众人的心。等到大家都离散了，孙权或曹操再来攻打，只怕汉室真的要保不住了。"

被三番五次地劝进后，刘备终于不再拒绝。

公元221年，刘备登基为蜀汉皇帝，年号章武，立刘禅为太子，诸葛亮为丞相。

刘备称帝后，誓要为结义兄弟关羽报仇，讨回荆州。

群臣中有不少人持反对意见，赵云说："篡逆的是曹丕，而不是孙权。只要能灭掉曹魏，孙权自然会投降。现在应该趁曹丕刚刚继位，朝中不稳之时，去讨伐国贼。如果先去攻打东吴，却是给了曹丕可乘之机啊。"

孙权得知刘备要来讨伐东吴，也急忙派诸葛亮的哥哥诸葛瑾写信求和道："您觉得是关羽重要，还是天下重要？我们是杀了关羽，可曹丕篡了汉朝，您认为应该先打哪一个呢？"

可所有这些反对意见都浇灭不了刘备的仇恨之火，他和关羽"义为君臣，恩犹父子"。在他看来，此仇必报。更何况荆州失了，只剩益州，再想雄霸天下兴复汉室，可谓难上加难。他急切地想重新夺回荆州，再回到之前的局面。

诸葛亮什么也没有说，他心中痛苦难言。本来之前形势一片大好，按照当初"隆中对"的规划，北据曹操，东和孙权，跨有荆益，天下三分。可如今关羽死了，荆州失了，现在刘备又要去伐吴报仇，虽然他认为现在伐吴不妥，但是刘备盛怒而不可阻，而且蜀军居于上游，顺势而下，或许可以取胜。

章武元年（221），刘备亲率数万大军伐吴，命车骑将军张飞从阆中出发。

张飞本就雄壮威猛，性子暴烈。关羽死后，他日日借酒浇愁，对属下非打即骂。终于在张飞准备出发之前，他的两个部将张达、范彊，不堪忍受他平日虐待，砍了他的首级投奔江东。

刘备还未开战，又折了一员大将，更加怒不可遏。他发誓要为两个结义兄弟报仇。

孙权在这期间派人前来求和，但被刘备拒绝。眼见蜀兵来势汹汹，大战不可避免。最让孙权担心的是，魏国会趁吴蜀大战之际挥师南下，得渔翁之利。于是孙权便在当年八月，遣使先向曹丕称臣。

而后孙权任命陆逊为镇西将军，对战刘备。陆逊，字伯言。是孙权之兄孙策的女婿。他虽是儒生，年轻文弱，却深通兵法，胸有韬略。看到蜀军兵势强大，锐气逼人。他不急不躁，只将主力屯在夷陵一带，与蜀军对峙，消磨其锐气。任凭刘备多次挑战，陆逊只是以逸待劳，坚决不与蜀军对战。

刘备本想速战速决，可如今兵将士气被慢慢耗尽。到了六月，陆逊仍坚守不战，时值盛夏，酷暑逼人，将士不胜其苦。刘备无奈，于是将军营驻扎于深山密林中。

这被陆逊窥见了战机，当时正值东南季风时节，陆逊命将士各带茅草和火种攻入蜀营。顺风起火，火烧连营。蜀军营寨皆由木头所筑，周围又全是树林密草，霎时间蜀军所有营帐陷入火海。吴军昼夜追击，四面围攻。蜀军慌乱中自相踩踏，溃不成军。死者不计其数，辎重也全数烧毁。部将张南保护刘备且战且退，一直撑到刘备安然撤入山区。而他却被吴兵追逼，残兵全军覆没，自己也死于乱军之中。

刘备退入白帝城后，禁不住感叹："想不到我刘备，竟然会败在年轻的陆逊手中！"

这一战蜀军死伤万余，所带出的舟船器械，几乎损失殆尽。只有牙门将向宠所带领的部队，临危不乱，无人逃散，安全撤至白帝城，成为刘备的临时侍卫军。赵云得知消息，也立刻带军前来相援。有了赵云护卫，刘备完全放下心来。他改鱼腹为永安，准备在此静养，暂时不回去了。

孙权此次虽然打了胜仗，但仍然忌惮驻扎边境附近的刘备。又闻听曹丕在组编军队，担心魏国会趁机偷袭，便派人去向刘备求和。

刘备也老了，那年他已六十三岁，驻扎到白帝城后他便又惭又恨，一病不起。长年征战损耗了他的身体，夷陵战败又让他心力交瘁，数万军队没了，许多将领惨死或失踪，大量物资损毁。损失如此惨重，再次东征，绝非一朝一夕之事，他便同意了孙权的停战请求。

这次夷陵战败并没有给诸葛亮太大的意外。事实上，在刘备决意伐吴之时，他已隐隐预料到了失败的结局，他只是叹道："若是法孝直在，一定会劝阻陛下复仇；即使复仇，也不会惨败而回。"可惜法正在刘备伐吴前一年就病逝了。

在刘备伐吴的这一年多时间内，诸葛亮一直尊奉指示，镇守益州，调度粮草。有他在后方，刘备方能安心在外打仗，没有后顾之忧。刘备在退兵白帝城后，给诸葛亮写了一封私信："国家能平安无事，全靠爱卿您的才能啊！"

入冬后，刘备一病不起。他自觉时日无多，召诸葛亮前来永安。

章武三年（223）二月，诸葛亮请太子刘禅镇守益州，带着几位重臣星夜赶至白帝城。君臣相见，悲感交集。

刘备回顾自己戎马生涯，几起几落。自从遇见诸葛亮，君臣相交，鱼水情深，立下了如今这番基业。蜀国虽然立国，但兴复汉室才是他的最终志向，这一点只有诸葛亮才能深深地理解。可如今大业未成，自己一意孤行至此，心有不甘。

他抓着诸葛亮的手，诚恳地说："朕自从得了丞相的帮助，才成就了如此功业。奈何如今重病在身，太子又年幼孱弱，不得不将国家大事托付给您。"

说完，泪流满面。诸葛亮也默默垂泪。

刘备将诸葛亮身后众人细看了一遍，只见马谡也在其中，刘备令众人暂且退下，然后问诸葛亮："丞相看马谡的才能怎么样？"

马谡，字幼常，襄阳宜城人，侍中马良之弟。马良很有才华，与诸葛亮相交颇深，可惜在夷陵之战中身亡。诸葛亮爱屋及乌，对马谡也另眼相看，常与他谈论军事谋略。

诸葛亮说："马谡有经世之才。"

刘备不以为然，他摇头道："我不这么看。马谡这个人，言过其实，不可大用。丞相还是多多考察才是啊！"

吩咐完毕，刘备传众臣入内，取纸笔写了遗诏，递与诸葛亮说："本想与丞相同剿曹贼，共扶汉室，不幸到此要分别了。丞相的才能十倍于曹丕，一定能成就大业。假如太子值得辅佐，就辅佐他；如果太子不才，丞相可取而代之，讨伐逆贼，复兴汉室。"

诸葛亮一听，脸色剧变，又是惊慌又是感

诸葛亮在刘备病榻前，接下了托孤重任。

动，哭倒在地："臣虽肝脑涂地，也无法报答陛下知遇之恩！愿竭尽全力辅佐太子，至死方休。"

刘备又颁诏书嘱咐太子刘禅，在他去世之后，要向对待父亲一样对待丞相。

诸事交待完毕，刘备与世长辞，终年六十三岁。

建兴元年（223），太子刘禅继位，封诸葛亮为武乡侯，领益州牧。

平定南中

夷陵之战之后，刘备留下的是一个满目疮痍的烂摊子，蜀汉不仅在兵力、财力上受到重创，还四面受敌，北有曹魏，东有孙吴，西部和南部又有边境豪强和少数民族侵扰。蜀汉陷入了内忧外患的境地。

后主刘禅登基之时只有十七岁，缺乏政治经验。刘备托孤之后，国家大事，全都集于诸葛亮一身。魏国一些大臣纷纷写信来劝诸葛亮，要他审时度势，投降魏国。诸葛亮不为所动，他严词宣告：我一定要讨伐你们这些乱臣贼子，以张天下大义！

夜深人静之时，他静下心来，仔细分析天下

局势：

北边曹贼虽不共戴天，但中间隔着高耸的秦岭，道路险要。镇守汉中的魏延骁勇善战，一时之间曹丕不会来找麻烦。

东吴与蜀汉恩怨交织。虽说夷陵之战后孙权曾向先帝求和，但如今先帝已去，后主年少，难保孙权会耍什么花样。

西边的汶山等郡，虽然时有叛乱，但距离成都不远，不会酿成大乱。

唯有南中地区，尚未开化，羌人、夷人杂居，环境复杂，鞭长莫及。先帝去世后，南中豪强趁机造反，局面完全失控。

把这些问题理清后，诸葛亮意识到，如果继续与东吴对抗，曹魏将坐收渔翁之利。想要兴复汉室的大业，必须要先与孙吴重修旧好，共同抗曹。

公元223年，诸葛亮派邓芝出使江东。邓芝，字伯苗，义阳新野人。任官公廉又有治绩。刘备称帝后，被征为尚书。

孙权开始并未打算亲自接见邓芝，当时，东

吴还在向魏国称臣，孙权不愿与蜀国关系过于密切。但邓芝表示见不到孙权绝不返回。他给孙权写信说："我此番前来，不仅是为了蜀国，也是为了吴国。"

孙权看到这封信，不由地想起十六年前的诸葛亮，当时他出使东吴，说服孙刘联合，共同抗曹，也是这样说的。他决定见一见邓芝。

孙权见了邓芝，看门见山道："我倒是愿意联蜀抗魏，但你们君主年幼，国力不强，周边叛乱不断，自身都还难保，你们拿什么来和我东吴联盟呢？"

邓芝也坦诚地说："吴蜀两国共有四州的土地，您是天下英雄，我们诸葛丞相也是当世豪杰。而且我们有蜀道险阻防御，你们有长江天险阻挡。我们两国联合，进可夺取天下，退可保全自己。大王您若继续给曹魏称臣，曹丕一定会要您的儿子去魏国做人质，您若不从，曹丕肯定要起兵来讨伐您，到那时，我们也只好落井下石，江东就不再是大王您的了。"

邓芝的坦率诚恳让孙权心服口服，他终于下定决心，断绝了同曹魏的来往，与蜀国重修旧好。

这次邓芝出使东吴，诸葛亮叮嘱他把张裔带回来。张裔字君嗣，思维敏捷，才识过人，曾被刘备任命为益中太守，去平定南中叛乱，但被叛军活捉，送给了东吴。张裔在吴国一直流放隐居，孙权并不知道他。等邓芝要把张裔带走之时，孙权才召见了他。

得知张裔是成都人，孙权开玩笑说："蜀中卓氏寡女卓文君，和司马相如私奔，你们那儿是不是都这样啊？"

张裔应声回答："吴国朱买臣的妻子，因为嫌弃丈夫贫穷而另行嫁人。我以为卓氏的寡女，还是要比朱买臣的妻子贤惠一些。"

张裔的辩才令孙权暗暗吃惊，于是他又问："这次回到蜀国，你一定不会再被埋没了，你准备怎么报答我呢？"

张裔回答："我没有尽到责任，戴罪而归。如果回去朝廷不追究的话，那么我五十岁之前是属于父母的，五十岁之后就是大王您赐给我的。"

孙权听了哈哈大笑，非常赏识张裔。

张裔出宫之后就后悔了，他觉得自己机锋外露，怕被孙权强留吴国，于是昼夜兼程赶往蜀国。孙权也为张裔的敏捷雄辩所震惊，当他意识到这样的人才不能放回蜀国，马上派人去追时，已经迟了一步，张裔已离开吴国边境几十里了。

诸葛亮见张裔回来，非常高兴，任命他为参军，兼益州治中从事。

从此之后，吴蜀两国信使频繁。大臣费祎也深受诸葛亮器重，多次出使东吴。孙权常问费祎一些国事及当今事务来为难他，但费祎总是不卑不亢，据理以答。孙权深为佩服，料定费祎以后定是蜀汉的股肱之臣。

公元225年春，经过两年的休养生息，蜀国终于恢复了元气，加上与东吴又重修旧好，诸葛亮决定平定南中叛乱。他认为南中地区关系重大，决定亲自带兵南下。

长史王连反对诸葛亮亲自带兵，他说："南中不毛之地，疫病横行。如今蜀国上下，都系在丞相身上，万一丞相有个闪失，蜀国该如何是好？"

但诸葛亮一向器重王连，深知他说的有道理。但是慎重考量之下，还是认为南中问题事关重大，非亲自带兵出征不可。

南征大军从成都出发，参军马谡一直送了几十里路还依依不舍，好几次欲言又止，好像有话要说。

诸葛亮勒住马，亲切地问道："幼常，你以前多次给我宝贵的谏言。这次我带兵南征，你有什么想法，请坦白说吧。"

马谡便直言不讳道："南中地区地势险要，又远离朝廷，一向不服管束。即使我们这次把他们打败了，等您举兵北伐，无暇后顾之时，他们必定还是要造反。若把他们一举歼灭，又太过残忍，非仁者所为，而且也不是短时间内所能做到的。"

诸葛亮听了微微点头，问他："你有什么建议吗？"

"兵法上说：'用兵之道，攻心为上，攻城为下，心战为上，兵战为下。'愿丞相明察，早日收复南人之心，才能长治久安。"

诸葛亮面露赞许之意，笑着说："幼常所言，与我不谋而合啊。"

从此，诸葛亮对马谡更是欣赏有加。

到了南中，诸葛亮兵分三路。自己带领主力部队往西对付夷王高定；马忠往南对付叛将朱褒；李恢从南路进攻建宁，对付雍闿。

南中这些叛将过去只是仗着天高路远胡作非为，其实只是一群乌合之众，诸葛亮大军三下五除二就打得高定溃不成军。诸葛亮本想劝高定归顺，不料高定又纠集残部与诸葛亮决战，结果一败涂地，当场战死。

马忠这边就顺利得多，大军一路进击，朱褒不战而走。

李恢到建宁对付雍闿，雍闿不在，但孟获却率领高定的残兵到了建宁，将李恢的军队给包围了起来。

李恢自己也是建宁人，他急中生智，对叛军说："诸葛亮大军粮草已经用完，将退回北方，我本是建宁人，就准备留在家乡不走了。"

叛军们一听，大喜过望，于是便放松了对李

恢的包围。李恢见有机可乘，便带着军队猛冲了出来，将建宁郡的叛军打得四散奔逃。

而诸葛亮不见李恢消息，率军前来救援，正好与孟获军队相遇。孟获自然不是诸葛亮的对手，这一战遭遇惨败，而他自己也被诸葛亮生擒。

孟获作战勇敢，在南中地区深得民心。被诸葛亮活捉后，孟获以为自己必死无疑，但不料诸葛亮不仅没有杀他，还给他松了绑，摆出好酒好肉招待他，并且带他参观自己的营地和装备，问："你看我军如何？"

孟获回答："以前不知你们虚实，才打了败仗。现在看了你们的营地，也不过如此，若是再来我一定能战胜你们。"

诸葛亮哈哈大笑，说："好，现在放你回去，你整顿人马再来战吧。"

此话一出，孟获和蜀汉将领都吓了一跳，众将都不明白丞相为什么要放了蛮夷王，孟获自己也半信半疑，他也不管是否有诈，骑着马慌忙跑了。

孟获被释放之后，重新整顿人马，再来对

战，但他虽然人数众多，但多是乌合之众，怎么能比得上纪律严明，训练有素的蜀汉精兵呢？

很快，孟获被诸葛亮第二次擒获了，他还是很不服气，挺着脖子，一副任你杀剐的样子。

诸葛亮问："你可愿归顺？"

孟获说："才两次交锋，怎能比出高低？我愿再战，即使死了，也毫无怨言。"

诸葛亮微微一笑，又把孟获放了。

就这样，诸葛亮对孟获放了再抓，抓了再放，一连数次。

部下众将都大惑不解，不明白丞相为什么要这样做。参军杨仪忍不住问："丞相，为何不把孟获杀了，而是一味地放走呢？"

诸葛亮说道："孟获是南中蛮夷首领，他若投降，其部下也会归顺。到那时南中地区太平，朝廷也心安了。"

杨仪愤愤说道："如果孟获一直不投降呢？如今抓他放他都有五六次了。"

诸葛亮回答道："我对其一擒再擒，一纵再纵，他纵算不服，但我朝之优渥宽厚已深入南中民心。像孟获如此顽固不化之人，尚能获朝廷如此对待，何况他人？我放的是孟获，收的是南中的民心啊！"

杨仪听了，对丞相大为佩服，没想到擒纵孟获背后有这样的深意。

第七次擒了孟获之后，诸葛亮依然要放了他，孟获本也心性忠厚，这次终于心服口服，他对诸葛亮拜道："丞相天威，我愿归顺丞相，以后再也不造反了。"

诸葛亮收服了孟获，南中再也没有人敢造反了。平定南中之后，诸葛亮仍采取和抚政策。他尽量任用当地的官员来治理南中，连孟获也获得了不小的官职。

此举遭到了朝中大臣的强烈反对，他们认为这样放任将会危及朝廷的统治。

诸葛亮耐心给大臣们分析利弊：

如果任用汉人为官员，势必要在南中驻扎大量军队，也势必会耗费大量军粮，这对以后的北伐曹魏是相当不利的。

此次平定南中，夷人也死伤颇多。将汉人留

诸葛亮收服孟获，保证了蜀汉后方安全，为日后北伐打下基础。

于此地容易引起仇恨。

夷人自有自己的处事法则，由汉人来管理的话，因为彼此双方行事方法不同，或造成诸多误会。

最终，诸葛亮决定不留兵、不运粮，让南中的少数民族实现自治。他把南中大事安排妥当后，于建兴三年（225）十二月，带领大军返回成都。

痛失街亭

诸葛亮用了三年时间平定南中后，开始全力准备北伐。他一边积聚粮食，一边训练军队。从汉中进攻魏国，需要翻山越岭，没有充足的粮食和军备难以行事。

建兴四年（226），从洛阳传来消息，魏文帝曹丕病逝，其子曹睿继位。

孙权得知曹丕病逝的消息后，立刻趁机对魏国发动了攻击，亲自领兵攻取江夏，被魏国大将文聘击退。随后，孙权又派诸葛亮的哥哥诸葛瑾攻取襄阳，被时任魏国抚军大将军的司马懿击退。

建兴五年（227）春，诸葛亮认为北伐时机已经成熟，便向后主刘禅呈上一道表章，名为《出师表》，表明自己为报答先帝知遇之恩，兴复汉室，讨伐逆贼，请求后主准许他出兵伐魏。

后主见诸葛亮为魏国殚精竭虑，去外面打仗又对自己放心不下，殷殷叮嘱，不禁有点感动，他对诸葛亮说："相父平定南中，历经艰难。这才回来，又要去北征，朕担心您太过劳累！"

诸葛亮坚决地说："先帝将兴复汉室的重任托付于臣，臣不敢有丝毫怠慢。如今南中已平，曹丕新亡，朝中不稳，臣若不趁此大好时机讨贼，更待何时？"

后主便准许了诸葛亮率兵讨魏的请求，于是，诸葛亮便率领赵云、邓芝、杨仪、马谡、王平等一干将士，带着大军浩浩荡荡前往汉中，准备开始北伐。

魏明帝曹睿得知诸葛亮要伐魏，一时慌了手脚，他也准备调动大军，进攻汉中。

大臣孙资劝道："汉中道路险阻，粮草难运，易守难攻，如果打的话将要损耗很大的兵力，当初太祖打汉中张鲁也是适可而止，知难而退。如今，我们只需要派精兵良将守住险要，别让蜀国打过来。我们休养将士，以逸待劳，等过几年，国力强盛了，再打他们就易如反掌了。"

曹睿一听挺有道理，便打消了主动进攻的念头。如果诸葛亮采取的策略如曹魏大臣预料的那样，魏军据险而守，那么蜀军确实一点办法也没有。但诸葛亮到底不是凡兵俗将，他的策略是不容易被预料到的。他的第一个奇兵便是据守在新城郡的孟达。他在汉中练兵长达半年之久，也是在等待孟达，等待最合适的机会。

孟达是蜀国过去的降将，在叛蜀降魏后受到曹丕的看重，担任魏国新城郡郡长，镇守上庸、西城、房陵一带。此人反复不定，当初在蜀国是受了刘封的凌辱而被逼反。如果他能重新归蜀，在北伐时呼应蜀军，引领诸葛亮军队直入新城，便能一举切断洛阳和长安之间的联系，到时魏国的京城洛阳将会受到莫大威胁。

诸葛亮写信给孟达说："当初是刘封欺人太甚，才让你离开了蜀国，我知道那也不是你的本意。如今你在魏国空挂虚名，志向无法实现，我很为你感到可惜。"

孟达一直很信任诸葛亮的人品，在他匆匆叛逃魏国后，家人还都留在蜀国。有次，一个蜀国的人见了孟达，对他说："你走了以后，诸葛亮非常生气，要把你妻子孩子都杀了，还好刘备给拦住了。"

孟达不以为然，说："我不相信，诸葛亮这个人处事公允，他不会做这样的事。"

曹睿继位后，孟达一直担心自己是降将，曹睿会对自己不利。如今看到诸葛亮给自己写的信，便想到再次反魏投蜀。

他回信说："司马懿所在的宛城距魏都洛阳八百里，距这里则有一千二百里，如果司马懿知道我起兵的消息，一定会上奏朝廷，等他到了洛阳再过来，最快也要一个月时间，到那时，我早就准备好了。"

孟达这边兀自洋洋得意，可事情发展却出乎他的意料。魏兴郡的太守申仪当初是和孟达他一起叛蜀投魏的，但到了魏国后，两个人关系越来越差。申仪得知孟达的计划后，立即表奏魏明帝和司马懿，司马懿的手下说："孟达这件事，我们要赶快去请示朝廷，仔细调查后再做决定。"

司马懿大怒："孟达此人无情无义，最好趁他犹豫不定的时候把他斩除，等上报朝廷后再去就太晚了！"于是司马懿一边悄悄带着大军出动，一边写信给孟达安抚。

孟达本来听说申仪已告发了他，惊慌失措，正打算马上起兵，谁料此时收到了司马懿的亲笔信，信中对他宽解安慰，信任有加。孟达不禁又开始犹豫。

与此同时，司马懿大军加速行进，只用了八天就到了新城郡城下。孟达看到司马懿的大军，简直不敢相信自己的眼睛，他给诸葛亮写信说："司马懿如此神速，才八天，已兵临城下，请速派兵前来救援。"其时，诸葛亮已是有心无力，派出的接应部队被司马懿阻截于木阑道上。

最后，司马懿花了十六天时间攻破城门，孟达被斩杀。诸葛亮的奇兵之计，至此完全失败。

从诸葛亮屯兵的汉中到曹魏占据的雍州之间，横亘着延绵不绝的秦岭。镇守雍州东部的夏侯楙是曹操的女婿，胆小懦弱，靠着曹丕的宠幸才做了官，没什么本事。

魏延向诸葛亮提议道："夏侯楙此人胆怯无谋，对军事一窍不通。如果丞相能给我五千精兵，再给我五千人补给粮草，我就可以带着他们沿秦岭东行至子午谷。从子午谷到长安不过十天，如果夏侯楙听说我们来了，肯定会吓得弃城逃跑，到那时，攻下长安城易如反掌。"

"城内存有大批粮草和武器，我们靠城里的粮草维持。曹魏的主力赶来大概需要二十天的时间，那时丞相您也带着主力从褒斜道过来，这样关中就能一举收复了。"

魏延这一番话说得理直气壮，信心十足。但诸葛亮谨慎持重，知道魏延虽勇猛却好表现。这个子午谷抄近路直驱长安的计划太冒险了！如果事情不按魏延的设想发展，一万精兵就将全军覆没。而蜀国国小人少，兵力捉襟见肘，一旦失败对北伐将是严重的打击。

但是值此用人之际，诸葛亮也不便打击魏延的士气。他先是好言抚慰，之后裁决从平坦宽阔的大路进军，直接夺取陇西。

为达到出其不意的效果，诸葛亮定了一条声东击西之计，他派赵云和邓芝伪装成主力，大张旗鼓从褒谷、斜谷一带北上，自己则带着数万大军向祁山进发。

听闻蜀国的赵云和邓芝杀到了褒斜谷，魏明帝曹睿果然上当，坐立不安，忙派大将曹真率领大队人马到郿县抵御赵云。魏国的主力被引到了斜谷，雍州西部就非常空虚，边防诸郡武都、阴平被诸葛亮所带大军迅速击溃。

诸葛亮大军攻入天水郡时，天水郡太守马遵并未在意，等确定是诸葛亮本人在军中时，马遵大惊失色，急忙骑了一匹快马准备逃往上邽。

这时，马遵的一名手下劝道："蜀国大军马上就杀过来了，太守不是应该回首府冀县去保卫百姓吗？"

马遵一听大怒："你是不是和蜀国有了勾结，要我回去送死？"然后，他就扔下随从，自己连夜跟着郭淮逃往上邽去了。

刚才劝说马遵的那个手下名叫姜维，天水冀

县人，是郡中的一个带兵将领。他见马遵逃往上邦，只好带领随从，紧随而去。可马遵怀疑姜维可能会反叛，就下令封城，任何部队都不准进入。姜维无奈，只好解散军队，独自回自己的家乡冀县。

没想到他回去时，冀县已被蜀国攻陷，父老乡亲推他去和诸葛亮谈判。他时年二十七岁，正好是诸葛亮出山时的年龄，个性上与诸葛亮也颇为相似，好学不倦，深通兵法，长于议论。诸葛亮和他相谈之后大喜过望。而姜维见到蜀国丞相谈吐不俗，求才若渴，也心生向往。从此，姜维便归降蜀国。

降将一般不易得到信任，但诸葛亮却非常信任姜维。诸葛亮退回汉中后，姜维也随军来到汉中，而姜母还在冀县。后来母亲写信让姜维回去，姜维回信说："百亩良田，并不在乎多一亩还是少一亩。一旦有了远大志向，就不能急着回家。"

诸葛亮为此非常赞赏姜维，而且姜维又忠勤务实，思虑缜密，诸葛亮认为李邵、马良都比不上他。于是，他让姜维在汉中训练步兵，还对参军蒋琬说:"姜维精通兵法,敏于军事,而且胆量义气不输于人,定能成为蜀汉栋梁之材。"

当诸葛亮大军出兵祁山,各县纷纷反叛的消息传来时,曹睿才知道上当了。但曹真的部队已深入斜谷,一时之间退不回来,他即刻命令左将军张郃率领五万精兵向西抵抗诸葛亮,自己也急率大军亲自到长安坐镇。

当诸葛亮在祁山营中闻知张郃带领精锐来抵御蜀军的消息时,心中大惊。张郃字俊义,河间鄚人。当年镇压黄巾党人起义,张郃屡立奇功。他身经百战,经验丰富。此次由郿县攻陇山山麓,取道陇山和六盘山之狭道,直入凉州境内。

诸葛亮立即召开军事会议,决定派出两万精兵前往街亭,迎击张郃军团。可派谁统领呢?诸葛亮往众将领脸上一一看去,是英勇善战的魏延,还是经验丰富的吴懿?

正寻思间,一个人站了出来,朗声说道:"我愿带兵去镇守街亭。"

大家循声看去,原来是马谡。一看是他,有

人忍不住笑了起来："只会纸上谈兵的马谡也想去打仗？"

原来马谡虽自幼熟读兵书，却一直在参谋本部，缺乏临场作战经验。

诸葛亮没想到马谡会毛遂自荐，他虽然也器重马谡，但马谡到底没有实战经验。诸葛亮踌躇一番，开口说道："街亭虽小，却事关重大。张郃乃魏国名将，擅长用兵，计谋过人，不可等闲视之。你经验不足，怎去战场上比个高低？"

马谡见诸葛亮不相信自己，十分激动："我通晓用兵之法，自认不输他人，哪怕是什么魏国名将。希望丞相能给我机会证明自己！"

诸葛亮犹豫了，想起先帝临终托孤之时，特地告诫他说"马谡言过其实，不可大用"，但是，他喜欢马谡，也曾对他严加磨炼。尤其在他准备南征之时，马谡曾向他建议"攻心为上，攻城为下"，他也是采用了这条建议才最终平复了南中。

正思量间，马谡又慷慨说道："如果我守不住街亭的话，愿拿项上人头谢罪！"

这昂扬的一瞬间，让诸葛亮下了决心，他从

案几上抽出令箭，缓缓说道："既然你立下了军令状，我便将守街亭的重任交于你。"

决定一出，全场哗然。诸葛亮心中也有一丝隐忧，他明示马谡："在街亭当道安营扎寨，挡住张郃，不得有误！"担心马谡恃才而骄，诸葛亮又挑选为人谨慎、经验丰富的王平为马谡副手，并叮嘱王平随时绘制街亭地形及安营扎寨位置图。为以防万一，又命高翔屯兵街亭左边，魏延屯兵街亭右边，作为后援，接应马谡。

马谡抵达街亭后，与王平一起勘探地势。看到地势险要，马谡哈哈大笑："兵法上说：居高临下，势如破竹。"马上就要把营地扎到山顶上。

王平极力反对，劝道："扎营山顶，若被敌人围困，切断水源，我军会不战自溃，没有退路。请将军依丞相指令，于街亭当道扎营！"

但马谡向来为人自负，他对王平的话不以为然，说："扎营山顶，就算不能势如破竹，至少可以据险自保。我熟读兵书，连丞相也经常问我的建议，你王平目不识丁，知道什么！"

于是率军到山上扎营去了，王平一再劝谏马

谡听丞相的命令，马谡说："将在外，君命有所不受。"

王平不得已，只得退而求其次，请求马谡让他带兵在山麓另扎一营，以成椅角之势。马谡正想着避开王平的掣肘，便爽快答应了。

到了营地，王平立刻将街亭地势及扎营位置绘成图纸，派快马送于诸葛亮，期盼丞相能早日阻止马谡。

张郃率领的五万大军也很快到达了街亭。

张郃见蜀军竟在山顶扎营，不敢相信。打探之后，发现诸葛亮派的大将竟是马谡，不禁仰天大笑："真是天助我也！马谡徒有虚名，只会纸上谈兵，这次必定要被我所擒。"

张郃马上派精兵将马谡扎营的山围困起来，并切断了山上的水源。

马谡是襄阳人，从小在长江边长大，从没尝过断水的滋味。这下可着了慌，他几次命令兵士突围下山，都被魏军的乱箭给挡住了。到了晚上，张郃趁夜色发动突围，蜀军又饿又渴，人心惶惶，如鸟兽散。马谡无法指挥，只得混在败军中杀出重围，往西逃跑了。

张郃下令追击败军，正在这时，忽然旁边连串的鼓声想起，只见路边还有一队蜀军队列整齐，阵法严谨，一副要进攻的样子。张郃怀疑蜀军在这里早就布好了埋伏，便停止了追击。

其实这支队伍是王平驻扎在山麓的队伍，只有一千余人。原来是王平得知街亭溃败的消息后，故意做出伏兵的样子，以让魏军起疑。在张郃停止追击后，王平又带着队伍不慌不忙地撤退，路上还收容了不少马谡部下的溃兵。

诸葛亮派马谡前去守街亭后，心中纷乱不定。忽有快马将王平所绘图纸送到，诸葛亮展开一看，大惊失色，心知要坏大事，但已追悔莫及。

失掉了街亭咽喉重地，斜谷也出师不利，诸葛亮只得引兵退回汉中。

回去第一件事，就是问责街亭之失。

马谡在兵败之后，竟然自己逃跑。他在同乡向朗那里躲了几天，最终还是被抓了起来。

看到马谡这么不成器，诸葛亮悔青了肠子。他赏识马谡的能力和才华，不遗余力地想要培养他，甚至置先帝的告诫于不顾，却没想到马谡如此不堪大任。他意识到自己忽略了一件事，那就是：马谡虽有谋士之才，但他固执刻板，极其自负，并无将才之资。

心痛之下，诸葛亮做出了决定：处死马谡！

虽然马谡之前立下了军令状，但还是有很多人觉得这个处罚太过严厉了。有人对诸葛亮说："胜败乃兵家常事，况且以少对多，输了也正常。马谡才华横溢，智谋出色，如今天下未定，就将他处死，太可惜了吧？"

诸葛亮回答道："斩马谡不是因为他打了败仗，而是他违背命令，擅作主张，败后又畏罪潜逃。平定天下，首先要军法严明，我若徇私枉法，以后还怎么领兵，将士怎能心服？"说着流下泪来。

狱中的马谡此刻也悔恨无比，他恨自己狂妄自大、自以为是，连累了丞相，丞相一向待他恩如父子，他却闯下如此大祸，如今只能以死谢罪。

诸葛亮处死马谡后，非常悲痛。他流着泪亲自祭祀，并收了马谡的孩子为义子。

诸葛亮忍痛处死了马谡。

诛杀马谡的同时，诸葛亮又特别提拔王平，虽然王平目不识丁，手不能书，但诸葛亮对他非常赏识，拜他为参军，进位讨寇将军，封亭侯。

班师回朝后，诸葛亮又上表刘禅，说自己愧居丞相之位，请求处罚。他自贬三等，降为右将军，但依旧行使丞相的职责。

自此之后，诸葛亮更加尽心尽力辅佐刘禅，为弥补自己错误，无事不亲力亲为。有次，主簿杨颙看到诸葛亮在亲自校对文书，便入内谏道："治理国家应有分工，上级下级职责不能互相干扰。您身为丞相，亲力亲为这些琐碎事务，神思困倦，精神疲乏，这不是太劳累了吗？"

诸葛亮听了忍不住大哭道："我又何尝不知道呢？只是因我失误而失了街亭，导致功亏一篑，我唯有这样才能弥补自己的过失啊！"

接连北伐

公元228年秋，孙吴的鄱阳太守周舫连发了七封假投降书信给曹休，引诱他带军南下到石亭一带，而后陆逊对曹休发起进攻，曹军大败，狼狈逃跑，魏国遭受重创。

东吴遣使者至蜀国，请蜀国派兵一起伐魏。那时据诸葛亮首次北伐已有一年时间。经过这一年的休养生息，国力已经恢复。目前曹魏新败，兵力虚弱，诸葛亮认为这是再次北伐的好机会。

但朝中反对声此起彼伏，毕竟第一次北伐准备那么充分，还是惨败，致使蜀国元气大伤。很多大臣都认为，与其现在去攻打曹魏，不如蓄养国力。而且蜀国地势险要，易守难攻，等强大了再去打魏国也不迟。

听大家这么说，后帝刘禅也忍不住担心，问道："相父，这次北伐，您有把握取胜吗？"

诸葛亮听了此话五味杂陈，感慨万分。想起先帝对自己的知遇之恩，即使在他夷陵兵败、临终病逝之际，也与自己抱着同样的信念，那就是平定天下，兴复汉室。

如今，仅仅一次失败就让后主刘禅对北伐大业开始怀疑了吗？他再次写下了一篇《出师表》，呈给后主，表明心迹：

先帝与汉贼誓不两立，所以临终才嘱咐我讨伐曹魏。曹魏强而蜀国弱，伐魏胜算很小，但不讨伐也要被曹魏所灭，与其坐以待毙，不如主动征伐。

明智如高祖皇帝，也历经生死才得以安定；刘繇、王朗等按兵不动，才得以使孙策强大起来，成就了东吴；曹操用兵如神也屡次征战多次遇险，我才能还不如曹操，怎么敢不冒艰险呢？而且即便智谋如曹操，他也打了多次败仗，我怎么敢肯定自己能得胜呢？而且先帝数十年内所积聚的四方精锐，仅靠益州，无法弥补其欠缺。再过几年，损失更多，不如趁现在早点北伐。现在百姓穷苦，兵士疲惫，但战争无法停止，即使不北伐，也要维持庞大的军备。想仅凭益州一地去和敌人长久对峙是不可能的，不趁现在去出击，更待何时？

世上最难预料的，就是战事。是非成败，没人说得准。我唯有鞠躬尽瘁，死而后已。

后主刘禅看了诸葛亮的上表，心中惭愧，批准继续北伐。

建兴六年（228）十二月，诸葛亮带领几万人马从散关出发，出兵进围陈仓。

而曹真这次早有准备，他料到诸葛亮鉴于上次祁山之败，此次必走陈仓，已派部将郝昭带领一千多名士兵屯兵在此。

虽然和蜀军人数悬殊，但陈仓地势险要，易守难攻。镇守陈仓的大将郝昭，字伯道，自少年时便从军打仗，是位守城的高人。他依托天险，在陈仓外面砌起城墙，中间挖了壕沟，将陈仓修筑得固若金汤，蜀军被牢牢地挡在了城外。

诸葛亮想用攻心战术，便找来郝昭的同乡靳祥去劝降。靳祥对着城墙上的郝昭大声劝道："将军，蜀军有几万兵马，而您却只有一千余人，兵众悬殊，您这不是白白送死吗？就算您不怕死，您忍心看百姓血流成河，生灵涂炭吗？"

郝昭毫不动容，说道："我郝家屡受国恩，我绝不能辱没了门第！横竖就是一死，你让诸葛亮尽管来攻打吧！"

靳祥无奈返回，将郝昭的话转告诸葛亮。诸葛亮听后十分佩服郝昭的气节，如今诱降遭拒，心中深感惋惜，但怕魏国的救兵赶到，诸葛亮也不能再等，只得加紧攻城。

他先命士兵架起云梯爬上城墙作战，郝昭早有准备，立刻命令士兵向云梯投放火箭，木制云梯很快着火，梯上士兵不是被烧死就是被摔死，一时间惨不忍睹。

诸葛亮又命士兵用载重冲车撞城，郝昭见状，立刻命士兵用绳子拴着大石磨上下飞打。石磨所到之处，皆被打毁，蜀军只好退兵暂避。

诸葛亮又制作了许多高达百尺的井阑，让士

兵往城内放箭，郝昭就在城墙内再修筑了一道堡垒防护。

诸葛亮想要挖地道攻城，郝昭马上察觉，命令士兵在城内挖地道，对蜀军予以反击。

就这样，两军针锋相对，昼夜不停，足足激战了二十几天，诸葛亮没有取得丝毫进展。但诸葛亮之前对攻克陈仓的设想是"速战速决"，如今激战了二十几天，眼看粮草就要用尽，而魏国的援军已经到达附近，诸葛亮只得领兵撤退。

在退师途中，魏国大将王双恃勇轻敌，带领精锐部队前来追赶。王双力大无穷，武艺高强，善使大刀和流星锤。诸葛亮先后派了好几员大将迎战，都遭惨败。

而后诸葛亮发现王双急于求成，有勇无谋，便心生一计。

他先派一支部队埋伏于王双的营寨旁边，再故意透露行踪引诱他带兵追赶。王双刚一离开，埋伏的士兵便烧了他的营寨，王双见状马上掉头回去救援，没想到正好进了诸葛亮设好的埋伏圈，被魏延斩杀。

杀掉王双后，诸葛亮从容撤退，回到了汉中。第二次北伐失败。

但在前两次北伐中，诸葛亮看出了魏军的行动轨迹，于是公元229年春天，第二次北伐才过了几个月，诸葛亮又着手第三次北伐。这一次，他没走得太远，只派出部将陈式攻打雍州西南的武都、阴平，自己亲统大军潜后，随时策应。

当雍州刺史郭淮率军支援两郡时，诸葛亮突现建威迎击，郭淮心知不是对手，马上退兵。武都、阴平两郡也抵挡不住陈式的围攻，先后投降。

因成功夺取两郡，刘禅下诏书，恢复诸葛亮为丞相。

同年春，孙权在武昌称帝，建立吴国，并派使者把消息通报蜀国。

孙权称帝，蜀国朝中一片哗然。很多大臣都认为孙权妄尊自大，名不正言不顺，蜀国作为正统，应该与吴国断交。

诸葛亮劝众臣道："孙权早有篡逆之心，我们之所以联合他，是因为可以互为掎角之势，共抗曹魏。如果蜀国和吴国断绝关系，那就必须先攻打吴国，才能取中原，这样反而会让曹魏得利啊！"

有一大臣站起来说："我们和孙权结盟，可孙权并不愿意攻打曹魏啊！"

诸葛亮笑道："孙权不是不愿意打曹魏，只是打不过罢了。如果我们大举伐魏，孙权一定会趁机谋利。再说，即使他不愿意攻打曹魏，只要不来侵犯我们，那我们北伐也没有后顾之忧啊。"

这下大家都没话说了，于是诸葛亮派陈震前去东吴，恭贺孙权登基称帝。

诸葛亮接二连三北伐，孙权又登基称帝，这让魏明帝曹睿非常生气。

公元230年初秋，曹真向魏明帝上表请求伐蜀，他兵分四路，一起指向汉中。诸葛亮得知魏国入侵，马上亲统大军集结汉中的成固、赤坂两地，严阵以待。另外，又要求李严率两万人赶赴汉中增援。

李严，字正方，与诸葛亮同是刘备托孤大臣，素有才干，但性情孤傲，自视甚高。他私心较重，因怕失去自己的地盘，并不愿意被调离江州。于是诸葛亮便让他的儿子李丰接替他的职位，任命其为江州都督，负责蜀军后勤工作。同时，又任命李严为中都护，署丞相府事，李严这才带着两万人马北上。

本来魏国声势浩大，斗志昂扬，偏偏天公不作美，下起了瓢泼大雨。而且这雨一下就下了三十几天，栈道全被冲毁，土路变成沼泽，塌方、泥石流不断。魏军被困在原地，有力难施。部分士兵体力不支，水土不服，再加上道路全毁，粮食运不上来，连饿带冻，死了不少人。

眼见形势不好，曹睿只得命大军提前还师。

诸葛亮看到魏军退兵，马上派魏延和吴懿领了一支精兵进行反攻，双方在南安郡的阳溪发生激战。魏延大展雄威，对魏军一阵猛攻，郭淮抵挡不住，费曜赶去增援，又被吴懿打得落荒而逃。

这次北伐，魏延被升为征西大将军，吴懿也被升为左将军。

打了胜仗，朝廷上下都很高兴。李严趁机对

诸葛亮讨好说："曹魏这次南征我们大获全胜，魏延、吴懿都晋升了官爵，我看丞相您也可以称王进九锡了。"

诸葛亮听了非常生气，严肃地回答："我本庸才，蒙受先帝知遇之恩。如今我尚未剿平汉贼，完成先帝遗愿，怎能只想着为自己加官晋爵呢？"

李严听了心中暗生怨恨。

诸葛亮见蜀军作战越来越纯熟，这次又打了胜仗，便想乘胜追击，于是很快策划第四次北伐。

鉴于前几次失利的主要原因是粮草不继，从而错过了最佳战机。这次诸葛亮花费大量心思研制出一种叫"木牛"的运输工具，专门用于粮食运输。木牛一脚四足，一次可运载六百公斤粮食，非常适合用于山区栈道。

公元231年春，诸葛亮亲自率领蜀国八万大军，自汉中攻往祁山。当时曹魏大司马曹真身患重病，无法统兵上阵。魏明帝曹睿便急忙派大将军司马懿、征西车骑将军张郃率领大军从长安狂奔过来增援。

诸葛亮见司马懿远道来救祁山，决定采用避实击虚的打法，他先和王平一起围攻祁山。司马懿飞奔去救祁山后，诸葛亮却留下王平继续攻打祁山，自己则带着主力部队向西急行而去。一路东进，杀到上邽。

司马懿本来以为以上邽之险，又无多少兵力驻守，诸葛亮应该不会在那里浪费时间。没想到诸葛亮竟然会围攻上邽。他一下子着了慌，忙派郭淮火速驰援，自己也随后赶到。双方在上邽东面相遇。

司马懿到了上邽，依靠险要位置安营扎寨后，就闭门不出，拒不作战。任蜀军在营外骂得嗓子都哑了，他自在营内岿然不动。

多次挑战未果，诸葛亮只得率大军向后撤退。司马懿尾随蜀军到了卤城后，便挖掘壕沟，修筑城墙，又登山扎营，据险对峙，不和诸葛亮交战。

这时张郃对司马懿说："蜀军远道而来，就是想要与我们决战。我们据守不出，他们也没有办法。但现在诸葛亮孤军深入，粮食又少，我们不如将大军屯于此处，派出一支奇兵，包抄蜀军，断其后路。"

但司马懿认为蜀军劳师远袭，军粮所带不多，即使抢了上邦的粮食也坚持不了多久，一定不会打持久战。不如凭险坚守，耗光蜀军的粮草。于是他拒绝了张郃的建议，打定主意绝不与诸葛亮的军队接触。

诸葛亮见司马懿坚守不出，心里着急，便频频遣使者去下战书，还送司马懿妇人使用的衣物饰品，借此来激怒他。面对诸葛亮的屡屡挑衅，司马懿虽然沉得住气，但他手下的将领全都愤愤不平，纷纷讥笑他畏蜀如虎。司马懿在部将的嘲讽下，终于按捺不住，于是派张郃去攻打留守在祁山的王平，自己亲自迎击诸葛亮。

第一次北伐作为马谡副手的王平，现在已是独当一面的大将，张郃数次猛攻，都被王平击败。而诸葛亮见魏军出战，心情振奋，即刻派出征西大将军魏延、左将军吴班、右将军高翔分三路领兵作战，对魏军形成合围之势。魏军在蜀军精良有序的阵法面前土崩瓦解，一时间人仰马翻，血肉横飞，之前要求作战的魏军将领个个目瞪口呆。

司马懿见势态不利，马上收兵回营，再不出战。

这一战，蜀军杀掉魏军三千多人，缴获战利品五千副铁甲，三千多张弓弩，大获全胜。

司马懿与诸葛亮正面交锋惨败之后，便坚守寨营，再也不肯轻易交战。诸葛亮想尽各种办法挑衅司马懿，司马懿都不为所动。诸葛亮采用退兵的办法引诱司马懿出城，司马懿也非常谨慎，只要诸葛亮的大军一停下来，他就扎营坚守，完全不给诸葛亮反击的机会。

转眼到了夏末，粮草马上接应不上了。这时，中都护李严又派马忠传令，说陛下要求退兵。诸葛亮接到圣旨，觉得此事必有蹊跷，但一来粮草缺乏，二来又不能违抗圣旨，只得先行退兵回汉中。司马懿见诸葛亮这次真的退兵，便想趁其不备攻打，于是便派张郃带兵去追击蜀军。

张郃说："兵法上说：'敌军退回本国不要拦截，敌军归心似箭，一定会拼命。'何况诸葛亮极善用兵，一定会沿途布防，一味追击，定有凶险。"

但司马懿觉得这次抵御蜀汉毫无战绩，脸上无光，坚持要让张郃带兵追击。军令如山，张郃只能知难而上。

张郃勉勉强强带人追了几十里，至木门山时，抬头一看，前面是一个山谷，地势狭窄，两边都是山坡，他心知不妙，马上命令全军退兵。

可为时已晚，山坡高处鼓声大作，蜀军发动连弩，无数支箭从空中如雨点般落下，张郃无处躲闪，中箭身亡，一代魏国名将就此陨落。

诸葛亮这次伐魏本来打得很顺利，却因为粮尽退兵，寸土未得，心中十分郁闷。他率大军回来后，却发现后方粮草充足，还没来得及去问李严怎么回事，李严却先故作惊讶地问："兵粮还充足，丞相为何要退兵呢？"

诸葛亮闻听大怒，知道自己是中了李严的奸计，命人彻底调查整件事情。李严见势不好，抢先一步向皇帝刘禅上表说："丞相假装退兵，是为了引诱汉贼出来，好与他们对战。"但诸葛亮已经收集好了李严矫旨的证据。

原来当时正是夏末秋初，阴雨连绵，道路难行，李严担心粮运不济，官职不保，便假托东吴入侵之名，派马忠、成藩传谕旨召诸葛亮还朝。

诸葛亮在朝上诘问李严，李严无话可说，只得磕头认罪。诸葛亮就势上书揭发李严的其他罪行，并和众臣联名上表，弹劾李严。刘禅下诏：将李严免职，撤销其爵位及封地，流放至梓潼郡。

虽然李严犯了大罪被免职，但诸葛亮并没有牵连到他的儿子。他任命李严的儿子李丰为中郎将兼参军事，并且给他写信说："我推荐你的父亲做官，一起为朝廷效力，自认可以坦诚相待，没想到会出现这样的事情。希望你的父亲能好好反省自己的过失，改正之前的过错，说不定以后还会有出来为官的机会。"

而后，诸葛亮又对蒋琬和董允感叹说："之前陈震曾告诉我说：'李严此人，诡计巧诈，大家都觉得还是离他远一点比较好。'可惜当时我没听进去他的话，以为只要对李严不加刺激，他就不会做什么出格的事，哪里想到会发生这样的事啊！"

诸葛亮因为自己用人的失误，从而丧失了一个良好战机，他心中非常愧疚失望。他的身体日渐衰弱，而蜀国内忧外患，以后还将面对更艰苦的局面。

鞠躬尽瘁

蜀国这些年频繁出征，损耗了大量的粮草和兵力。第四次北伐之后，蜀国开始休养生息。

经过三年的精心准备后，兵力得到扩充，阵法演练娴熟，装备精良；粮食堆积如山。诸葛亮还发明了一种既能划行又能拖行的窄长小船，叫作"流马"，能在险滩急流的河道中运输军粮。

万事俱备，诸葛亮准备再次北伐。

建兴十二年（234）春天，诸葛亮率领十二万兵力经斜谷穿越秦岭至渭河平原，在郿县西边的五丈原安营扎寨。而司马懿料到诸葛亮会在渭河之滨抢占有利位置，于是连夜率领大军渡过渭河，在渭河南岸构筑营垒抵御。

看到蜀军军容严整，魏军将领们都暗暗心惊，唯有司马懿不以为然，他哈哈笑道："如果诸葛亮抢占郿县东边的武功山，那我们就危险了；如今他扎营在郿县西边的五丈原，那就不足为虑了。"

这时，雍州刺史郭淮站出来说："我们必须在蜀军之前夺取渭河之北的地区。"

众将都不同意，纷纷说道："两军和长安都在渭河之南，夺取北岸有什么用呢？"

郭淮说："如果诸葛亮抢占了渭河北岸，整个五丈原区域就会被他控制，我军将处于夹击之下。"

司马懿一听有理，马上同意了郭淮的建议，命他带军去抢占北原。

郭淮到了北原，立刻开始修筑堡垒，堡垒还没修好，诸葛亮就带着蜀军杀过来了。郭淮一边命令一部分士兵继续修堡垒，一边带军厮杀。等到堡垒一修好，他便退回去再不出战了。

诸葛亮为了诱敌出战，便派虎步监孟琰带领人马渡过武功水北，驻扎在司马懿的营寨对面。

适逢河水暴涨，司马懿见有机可乘，便立即出兵向孟琰的队伍进攻。诸葛亮得知司马懿出兵，马上带着大军来援助，他一边派兵架设浮桥，一边用强弩向魏军射击。眼看浮桥就要架好了，司马懿却立马撤退回营，避而不战。

蜀军众将领见司马懿固守不战，都笑他胆小如鼠，诸葛亮却看出司马懿的厉害老辣之处，他感叹说："我军深入魏国腹地，根基不稳，就算在渭南种田，也非长久之计。司马懿就是看到了这一点，所以死守不战，只等我军疲乏，不得已而退兵，而魏国不伤丝毫，这不是寻常人能做到的啊。"

司马懿见诸葛亮分兵屯田，也丝毫不着慌，打定主意要和诸葛亮耗到底。这时，曹睿又派大将秦朗率步骑兵两万人来援助司马懿，并下诏："死守营垒，摧毁敌人士气，让他们粮尽而退，再趁机进攻。"

几个月下来，双方就这么对峙着。诸葛亮表面从容不迫、好整以暇，其实心中焦虑日甚。他每日审查木牛流马的运作，并亲自改良顺益连弩，试图从这些微小的事情中缓解下焦虑的心情。

此外，他想尽种种办法来挑衅司马懿。除了故技重施送上女装和饰品外，又派出士兵天天骂战，激怒魏军。但不管他如何挑衅，引诱，司马懿统统不理睬。对于蜀军的攻击，魏军也一律以箭雨击退。

诸葛亮实在没有办法了。一天，他干脆头戴纶巾，手挥一把鹅毛扇，一副非常悠闲的样子，乘着一辆白色木头制的车子，坐在阵前指挥，完全视曹魏数十万大军如无物。

这下魏军都忍不下去了，他们怒不可遏，纷纷要求出战。司马懿虽然知道这还是诸葛亮的诱敌之计，但也抵挡不住部将求战的压力了。于是，他也装出勃然大怒的样子，拍案而起道："我现在就向皇上请求出战！"

于是当场就写下表章，派人送给魏明帝曹睿。曹睿接到请战书，深知司马懿的用意。他立即派了卫尉辛毗来到营中担任军师。

当诸葛亮再次挑衅司马懿时，司马懿终于不再忍耐，下令出兵迎战。但军师辛毗手持杖节立在门口阻挡，众将领畏惧辛毗刚正不阿，都纷纷退回军营。

蜀汉护军姜维听到这个消息，对诸葛亮说："有辛毗持节监督，司马懿再也不会应战了。"

诸葛亮叹了一口气，苦笑道："司马懿根本就没想应战，他只是想做给部下看的。将在外，君命有所不受。如果司马懿真想和我们交战，哪里需要千里迢迢去请示呢？"

司马懿拒不应战，诸葛亮虽无可奈何，但却也打定主意要和他耗下去。但由于他日夜操劳，事必躬亲，身体渐渐吃不消了。

不久，诸葛亮又派使者前去魏营请战，司马懿不谈军事，却漫不经心地问使者："你们丞相最近睡觉可好？吃饭也正常吧？"

使者不知其意，如实回答道："丞相每日很早起床，半夜才睡。每日吃几小碗。"

司马懿又问："日常生活怎样？工作操劳吧？"

使者说："丞相事事亲为，工作辛苦。"

司马懿心中渐渐明朗，待使者走后，他

拍手笑道："诸葛亮时日无多，我们不需要等太久了！"

众将好奇，问他如何得知。司马懿说："诸葛亮事务如此繁杂，又事必躬亲，却吃得这么少，就算现在没病，也会被累病的。"

果不其然，到了八月，诸葛亮就因劳累过度而病倒了，而且病得很重。尽管蜀汉军营很小心不透露消息，司马懿还是很快知道了，但他素来谨慎："也许这是诸葛亮诱我出战之计，不能轻易上当。"

诸葛亮病情日益恶化，这次他自己也感觉凶多吉少，于是派人送信禀告刘禅。刘禅一听着了慌，派尚书仆射李福前往五丈原探望丞相。

李福慌慌张张赶往蜀军大营，不敢耽搁一点时间。诸葛亮见了李福，提起精神向他一一交代国家大事。交代完后，李福立刻告辞返回成都，去向皇帝刘禅复命。但只走了几天，他就又匆匆返了回来。

诸葛亮见李福返回，微微一笑说："你要问我的那个问题，我觉得，蒋琬最合适。"

李福擦着头上的汗说："我正是想问丞相，您若百年之后，谁可以接任。那么蒋琬之后，谁可以继任呢？"

诸葛亮说："费祎。"

"那么，费祎之后呢？"

诸葛亮闭上眼睛不再回答，李福知晓了他的意思，便离去向成都复命了。

李福走后，诸葛亮便开始处理身边事，如果没有病重，他是无论如何也不会退兵的，但现在情况发生巨变，北伐中原的梦想怕是难以实现了，只能全军从斜谷撤回汉中。他召集长史杨仪、司马费祎、护军姜维到自己身边，部署撤军事宜："杨仪和费祎统领各军撤退，魏延负责断后，姜维率领断后第二阵。"

说到这里，诸葛亮顿了一下，又说："魏延自恃勇猛，一直恨我胆怯。我死之后，他一定会与司马懿正面对抗。如果魏延不从命，不用等他，你们可先行撤退。"

没几天，诸葛亮在军营中与世长辞，时年五十四岁。

出师未捷身先死，诸葛亮病逝五丈原。

杨仪、姜维严守秘密，不公开死讯，而是按照诸葛亮临终部署立刻撤军。

杨仪派费祎去试探魏延对撤军的态度，魏延果然不愿意放弃北伐。

他听说要撤军，勃然大怒："丞相虽然不在了，还有我呢！让丞相府中的亲随护送棺椁回去就好了，我带着大军留下来讨伐汉贼，怎么能因丞相不在了就把国家大事废了呢？何况现在我官职最大，怎么能听杨仪调遣还替他断后！"

费祎一听，暗暗佩服丞相料事如神，正想找借口溜走，没想到魏延又说："杨仪是丞相府的，就让他回去吧。你是军中司马，我们联名发个文书，布告诸将继续北伐。"

费祎心中叫苦不迭，这不是强留自己违抗丞相遗命吗，于是他赶快说："杨长史不懂军事，待我去好好和他解释，想他一定不会反对将军的部署。"

魏延自认不会有差错，便放费祎回去了，费祎出来后立刻上马狂奔回营，与杨仪、姜维布置大军拔营回。

魏延使人去打探杨仪消息，发现大军竟丢下自己径自走了，气得暴跳如雷。他所率领的前锋部队离大营仅十里，就在褒斜谷北口处，魏延便抢在大军前面退入斜谷，边退边把栈道和之前建造的军事设施都烧毁了。

司马懿听说杨仪等人拔营而归，觉得诸葛亮这次可能真的死了，便亲自率兵前来追赶，姜维见司马懿追来，便立刻停止前进，做出一副奋力反击的样子。

司马懿不能确定诸葛亮是否真的死了，怕又是诱敌出战的计策，又想起张郃临死一战前说的话："退回本国的敌军不要拦截。"便急忙下令停止追击，又返回了自家大营。于是张仪率领大军从容而去。

事后，附近的老百姓都说："死诸葛吓走了活司马。"司马懿听了，只能自嘲说："我能预料活着的诸葛亮，可预料不了死后的诸葛亮。"等确认蜀军撤军后，司马懿到五丈原蜀军的空营中查看，看到蜀军的行营布局，他忍不住赞叹道："诸葛亮真是天下奇才！"

蜀军在杨仪、费祎和姜维的带领下向汉中后撤。魏延非常愤怒，他和杨仪本来就互相怀恨，势同水火。

当初费祎出使东吴时，有次孙权喝醉了，和费祎论及蜀汉的大臣魏延和杨仪。孙权说："此二人都是地位低贱的小人，心胸狭窄，无法共处。魏延勇猛有余，其心不正，若一朝没有诸葛亮，此二人必为祸乱。"

费祎回来将孙权的话转告诸葛亮，诸葛亮叹息说："孙权真是聪明之主！我又怎么会不知道呢？只是杨仪军务纯熟，魏延骁勇善战，我爱惜他们才华，不忍偏废。"

诸葛亮在世时，珍惜两人才干，极力使两人和平共处。如今诸葛亮去世，魏延无所顾忌，便抢先退到斜谷南口，烧了大军必经栈道，并带兵阻击杨仪。

消息传到成都，刘禅命蒋琬率兵前去堵截魏延。蒋琬还没到，双方已发生激烈混战，杨仪命王平率军抵御，王平对魏延军士怒斥道："丞相尸骨未寒，你们怎么就做出这等事？"魏延兵士听到提及丞相，心中有愧，纷纷倒戈。魏延和其子众叛亲离，只得逃往汉中，途中被杨仪派来的马岱所杀。之后，蜀国大军才安然撤回汉中。

诸葛亮去世的消息传开后，蜀国上下举国哀悼。

谯周，一向因反对北伐而与诸葛亮不和，得知诸葛亮病逝的消息后，他不顾朝廷不得吊丧的诏令，前往为诸葛亮奔丧。

被诸葛亮革职回乡的李严，在梓潼郡得知诸葛亮去世的消息后，自知无法再被启用，竟然发病而死。

廖立因诽谤刘备而被诸葛亮革职，当他得知诸葛亮去世时，双泪长流说："丞相去世，我们要为异族所奴役了……"

诸葛亮病危之时，曾给后主上过一份奏表，名为《自表后主》，交代了自己的身后事。

里面说："我在成都有桑树八百株，薄田十二顷，用于供给子弟衣食就够了。等我身死之日，家里不能有多余的衣物，外面不能有多余的钱财，以免辜负陛下的信任。"

日后后主刘禅派人清点他的遗产，果如其言。他把自己的一生都奉献给了蜀国。

诸葛亮去世后，在汉中定军山下葬。按照他的遗命，穿平常衣物，没有陪葬品，只挖了个刚刚放得下棺材的墓穴。

后主下诏书，称诸葛亮功德盖世，将他比拟伊尹、周公，并谥号"忠武侯"。

唐代杜甫有诗云：

......

三顾频烦天下计，两朝开济老臣心。

出师未捷身先死，长使英雄泪满襟！

诸葛亮
生平简表

● ◎汉灵帝光和四年（181）

生于琅邪阳都。

● ◎汉献帝建安十二年（207）

出山辅佐刘备。

● ◎汉献帝建安十九年（214）

协助刘备攻占成都。

●◎蜀汉昭烈帝章武元年（221）

刘备称帝，建立蜀国，诸葛亮任丞相。

●◎蜀汉怀帝建兴元年（223）

刘备驾崩，刘禅即位，封诸葛亮为武乡侯。

●◎建兴五年（228）春

诸葛亮发兵陇西三郡，第一次北伐。

●◎建兴五年（228）冬

诸葛亮为配合东吴进行第二次北伐。

●◎建兴七年（229）

诸葛亮第三次北伐。

●◎建兴九年（231）

诸葛亮第四次北伐。

●◎建兴十二年（234）

诸葛亮第五次北伐，病故于五丈原。